装幀余話

菊地信義

作品社

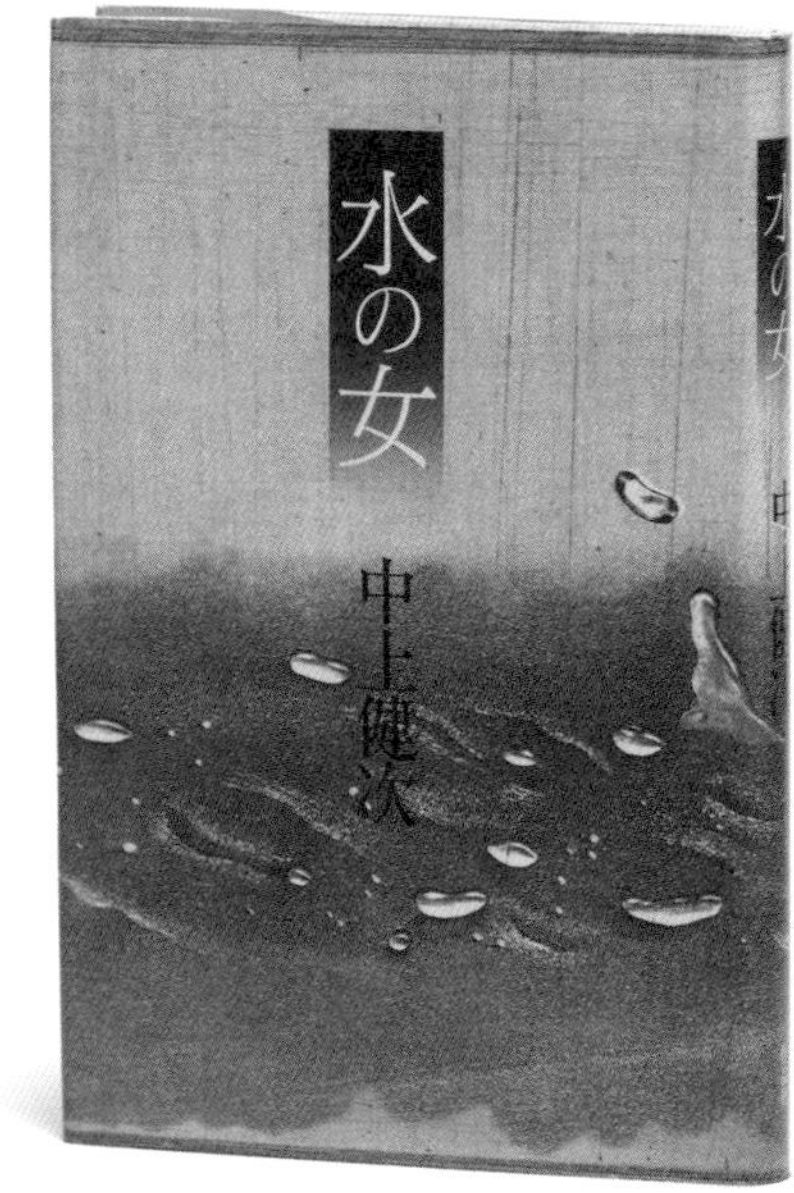

1　中上健次『水の女』

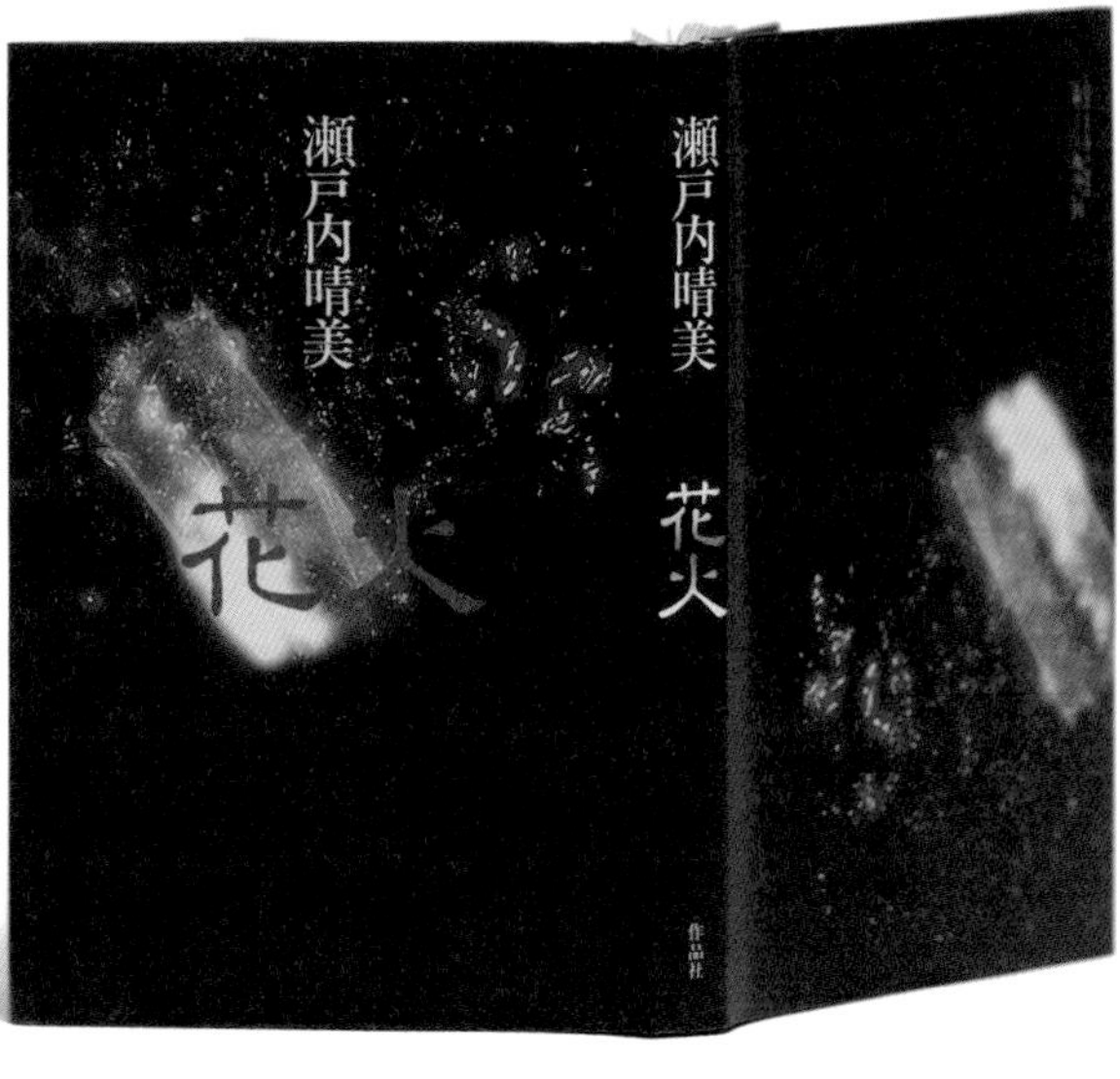

2　瀬戸内晴美『花火』

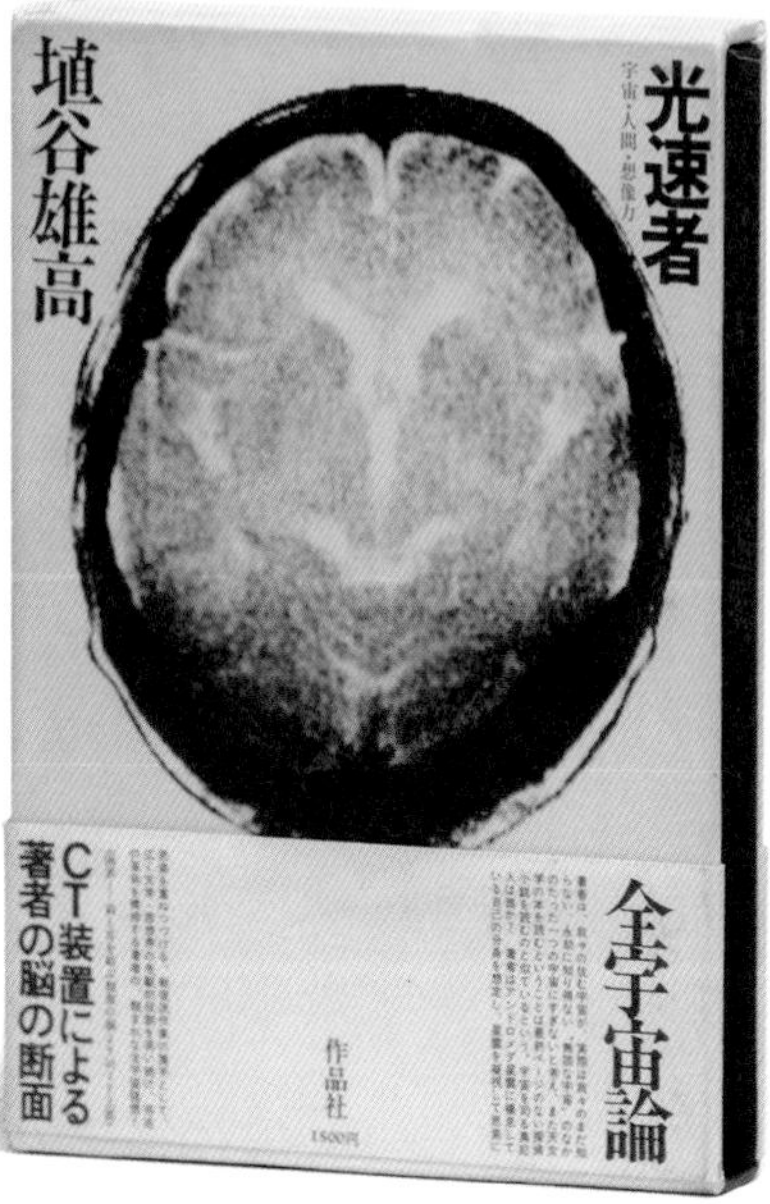
光速者
宇宙・人間・想像力
埴谷雄高
全宇宙論
CT装置による
著者の脳の断面
作品社
1500円

3　埴谷雄高『光速者』

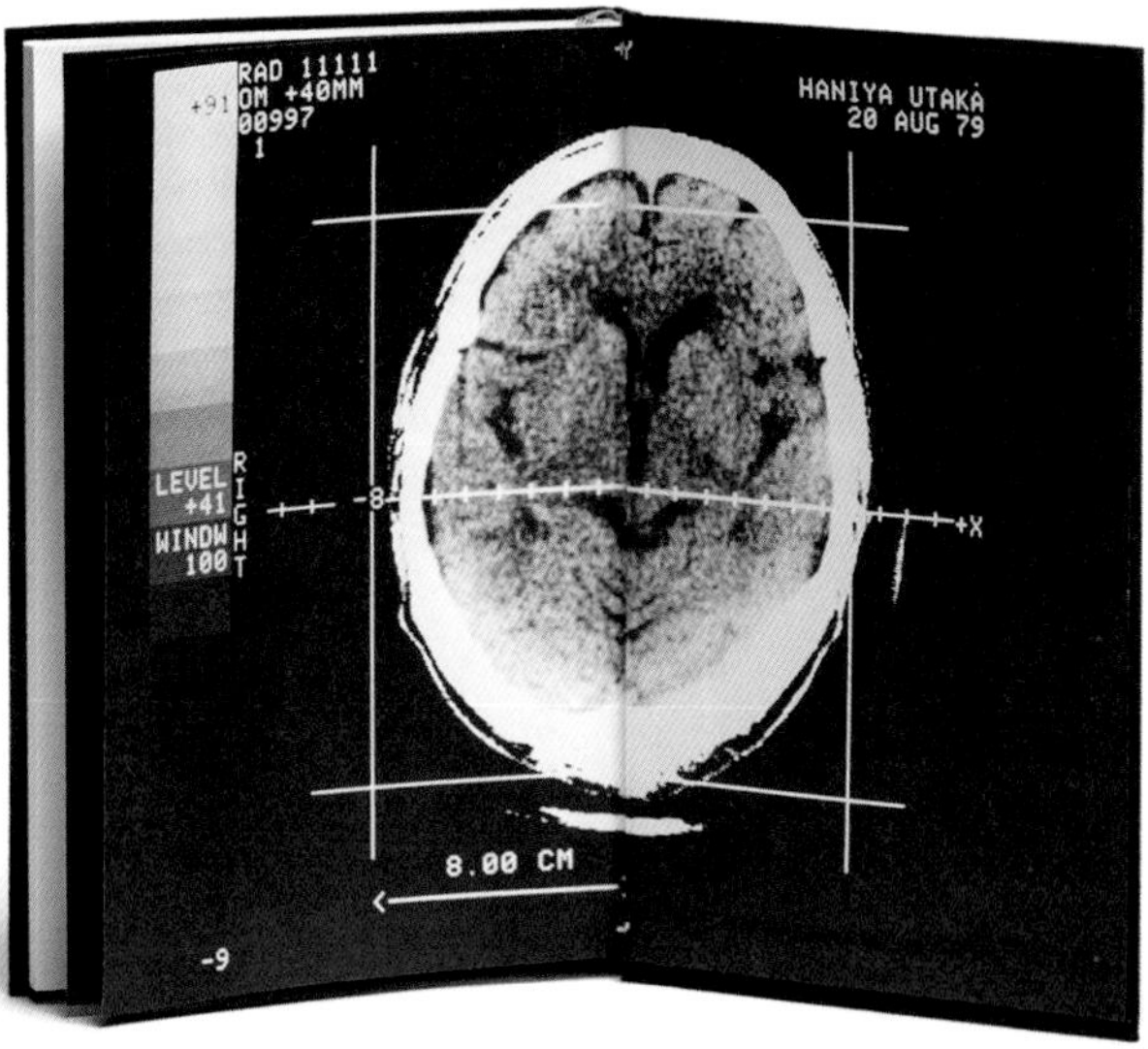
RAD 11111
OM +40MM
00997
1
+91
HANIYA UTAKA
20 AUG 79
LEVEL
+41
WINDW
100
RIGHT
-8
+X
8.00 CM
-9

4　中上健次『鳳仙花』

5　古井由吉『槿』

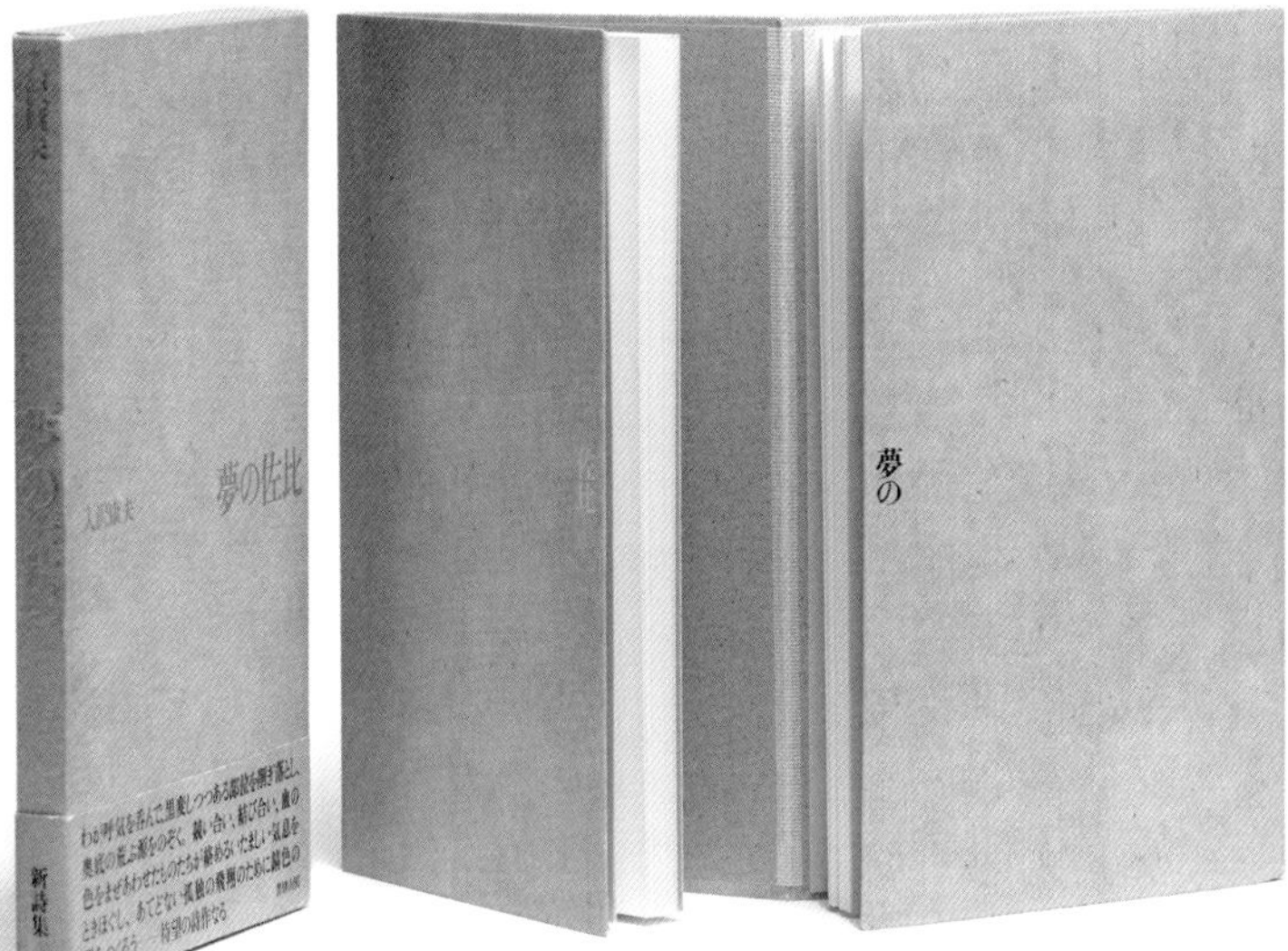

6　入沢康夫『夢の佐比』

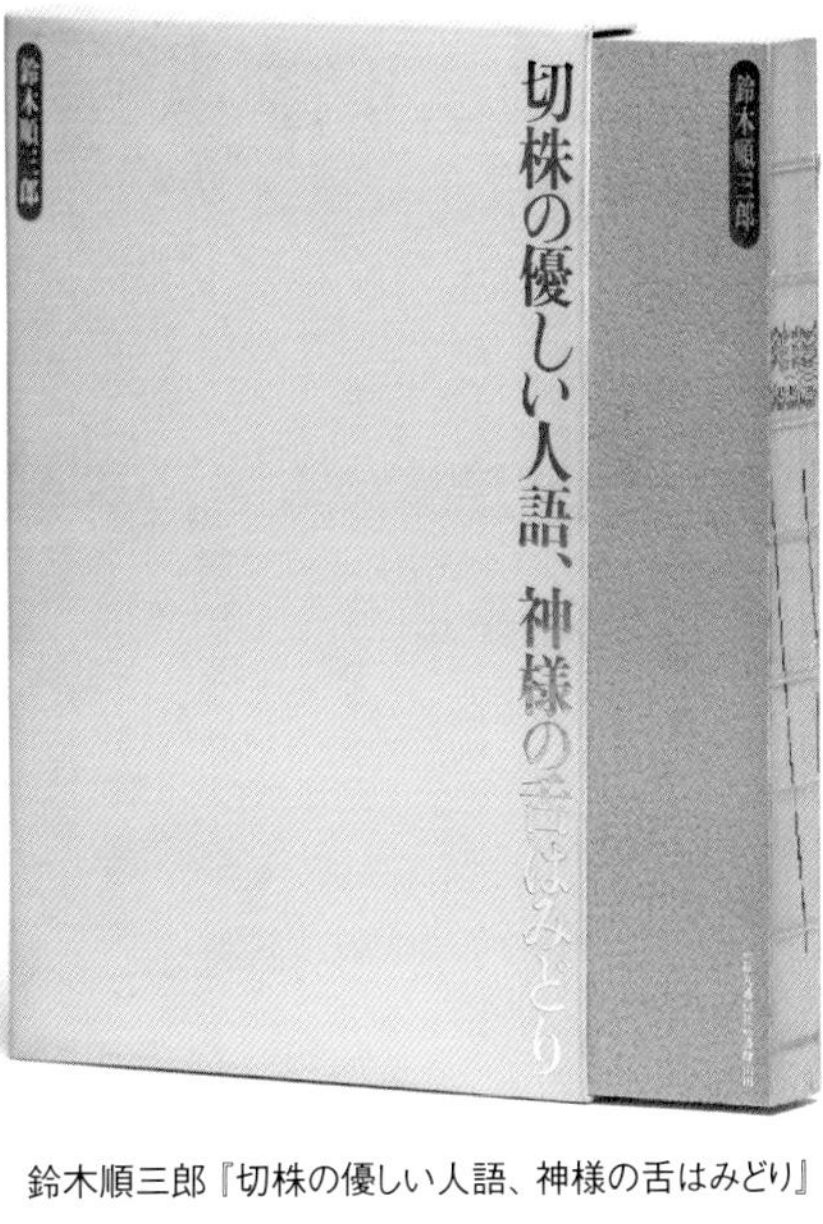

7　鈴木順三郎『切株の優しい人語、神様の舌はみどり』

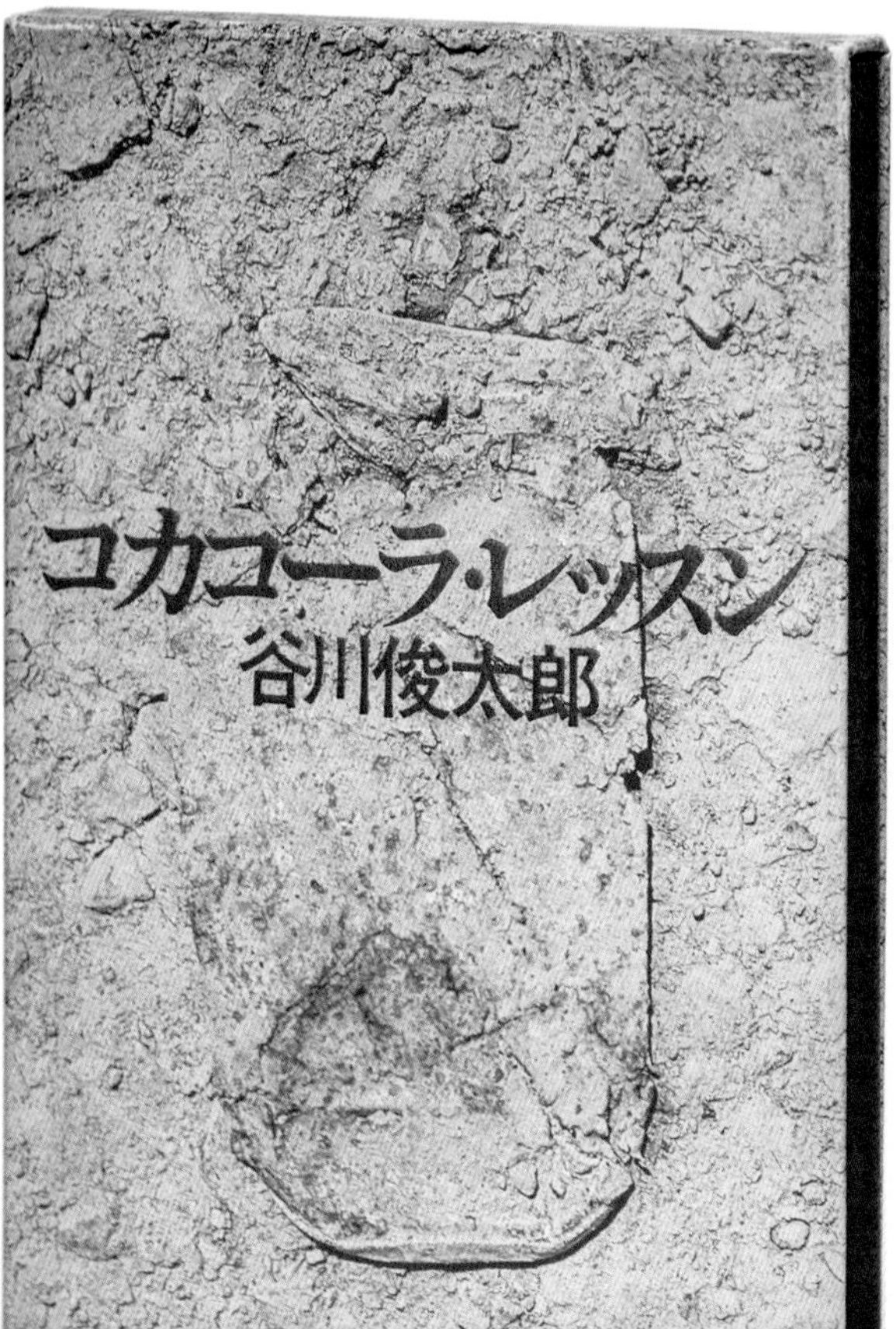

8　谷川俊太郎『コカコーラ・レッスン』

9　山口百恵『蒼い時』

10　俵万智『サラダ記念日』

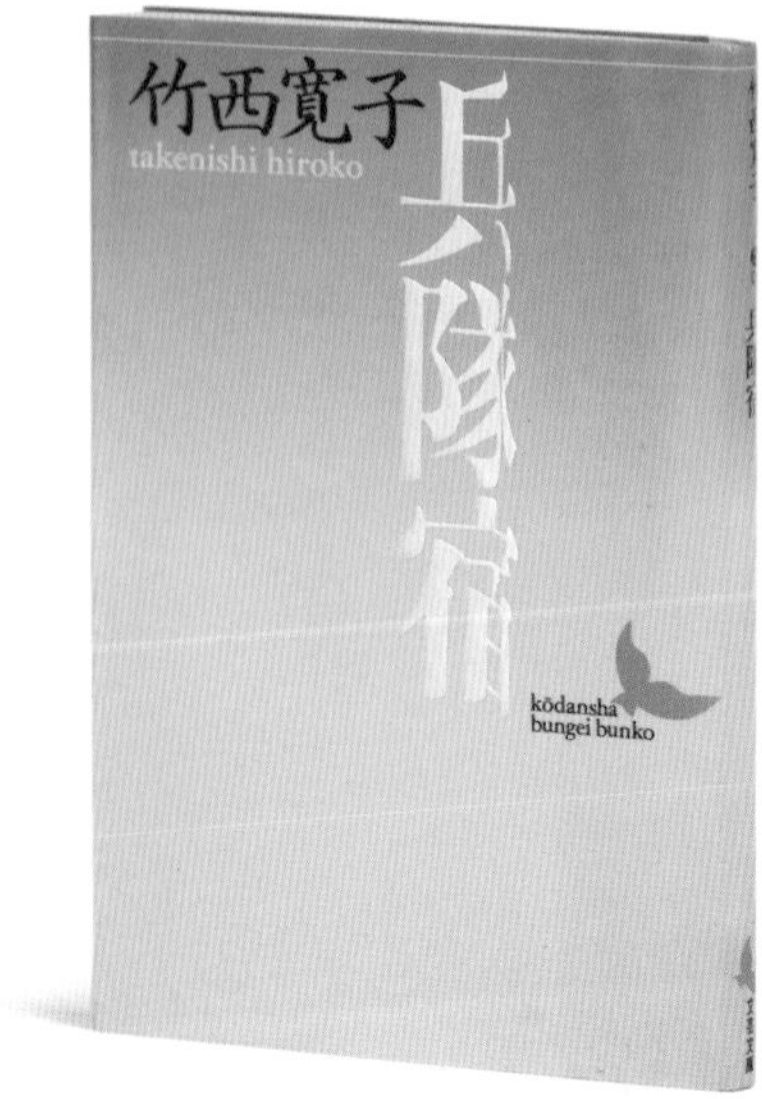

11　竹西寛子『兵隊宿』

12　古井由吉『椋鳥』

装幀余話　目次

Ⅱ 単行本未収録エッセイ・対談

装幀余話

序

装幀の余白から

（於：神奈川近代文学館、二〇一四年七月五日）

今回、神奈川近代文学館において、「装幀＝菊地信義とある『著者50人の本』展」と題して装幀展を開催して、「いまどきなんで装幀展を文学館でやるんだ？」という冷やかしを受けたりもしました。それに対して、「紙の本が博物館の陳列ケースの中でしか見られなくなる時代がすぐそこまで来ているんだ」と。いってみれば、近未来の紙の本への警告なんですね。いまはまだ本屋さんに行けば紙の本がたくさんあるけれど、ふと気づいたら、それこそ博物館に行かなければお目にかかることができなくなっている、なんてことがＳＦではなしに、現実に起こりつつあるわけです。

今年（二〇一四年）は、ぼくが本の装幀を始めてちょうど四十年になるのですが、ここでは、装幀の仕事をしてきたうえで考えた、紙の本についてのあれこれをお話しできればと思います。

最初に、結論めいたことを申し上げておきます。「本というのは人の心をつくる道具だ」ということです。といっても、本から読み取った知識で心ができるというわけではありません。むしろ、言葉を読んでも物事や他者を知ることはできない、それを知ること、了解することが大事であって、それを了解した上で本を読む。そうすると、そこに「静まった心」がもたらされる。その「静まった心」こそが一人ひとりの人生、現実をリアルに生きる心なんだと思います。つまり、本を読むということは、知識を身につけたり、心を涵養したりするのではなく、逆に、本を読めば読むほどある種空白になるというか。そのあたりのことを手を変え品を変えお話ししていくつもりです。

本を読むという行為について、なぜそういうふうに考えるに至ったのかというと、詩であれ小説であれ、芸術性の高い文学作品の言葉というのはモノ、物体だと思っているからです。言葉がモノだとすれば、モノに表と裏があるように、言葉にも表と裏がある。では、言葉の表とは何かといえば、額面どおりの意味と考えてください。それに対して言葉の裏というのは、「なぜこの言葉がこのように使われているのか」といった形で問い直すことではじめてわかる意味です。要するに、これが「読む」という行為です。そして、通り一遍の通常の意味の表とその裏に隠されたものがひとつになってはじめて「言葉」は成立する、一人ひとりの言葉に意味が生まれる。そういうものだと思います。

それでは、紙の本はどういう機能、形態で言葉に奉仕しているのかを、具体的にご覧いただこうと思います。

ここにあるのは、日本の印刷用紙で一番大きいB全（B判全紙、七二八×一〇三〇ミリ）という紙です。この一枚で、みなさんがふつうに目にする単行本、いわゆる四六《しろく》版の六十四ページ分の折りができます。編集者の人はよく知っていることですが、四六判の本の企画を考えるときに一番基本になるのが、二百五十六ページなんですね。つまりは、このB全四枚で一冊の本ができるわけです。ちなみに、この一枚に印刷するのに、どのくらいのインクが必要だと思いますか？　片面わずか小さじ一杯なんです。つまり二百五十六ページの本というのは、この紙が四枚と小さじ八杯のインクでできているわけです。

実は、今回は無理をいいまして、図録の代わりにこの展覧会のために冊子をつくっていただきました。ご覧いただければわかるように、この冊子は表紙付けせずに背が裸になっています。そして六十四ページごとに綴じられていて、それぞれに一、二、三、四という番号が付いています。これを背丁《せちょう》といって、折り丁《おちょう》の順番を示すものです。これは明治時代から変わらない標識です。あらゆるものが機械化されているなかで、この背丁という記号が本の背中に潜んでいるということをぜひ知っていただきたいし、またそれを知ることで紙の本の愛らしさがわかっていただけると思います。

余談ですが、最近知って驚いたことがあります。さきほど、言葉の表と裏の話をしましたが、本の一ページ目って、紙の表なのか裏なのかと考えたことがありますか？ふつうに考えれば、一枚の紙を折り畳んでいくわけですから、一ページ目が表で、二ページ目が裏ということになる。ところが、一ページ目は裏なんだそうです。どういうことかというと、現在の紙の製造技術においても、製紙のプロセスからして紙というのはどうしても裏表が出てしまう。滑らかにコーティングしたアート紙みたいなものでもやはり裏表が出る。裏のない紙というのはありません。紙にはかならず裏表がある。

たとえば、印刷をする場合には当然一折目、一台目から刷っていくわけですが、本の一ページ目にはだいたい書名や目次扉があって、二ページ、三ページ目に目次がある。文字が少ない部分ですね。そして、紙の裏表でいえば、裏の方がザラッとしていて刷りにくい。ですから、最初は裏面のほうでインクの量とか印圧とかをチェックしておく。裏にきちんと刷れれば表も大丈夫だというので次に表面《おもてめん》に印刷をする。もっと専門的なことをいえば、一折目というのは目次などで直しが出るケースが多いから、二折目から先に刷ることもあり、本の一ページ目が表か裏かというのは、どちらともいえないというのが正解なのですが、ただ、紙には裏表があることを知って、「このページは表かな裏かな」と考えながら本を読むことはとても重要なんです。

ここで、本の原形ということを考えてみたいと思います。一枚の紙があって、表が表紙で裏に文字が書かれているもの、これが本の原形だと思います。なぜそんなことを考えたかというと、先ほどいったように、紙には裏表がある。では、「裏のない紙」はほんとうにないのか。実は、「裏のない紙」という認識を表出するものこそ「詩」なのではないか、ぼくはそう思っています。もっといえば、「紙には裏と表がある」と認識するのが人文知、哲学で、「裏のない紙」を認識するのが詩であり、この二つを合わせたところに小説が生まれる。つまり、人文的な知が認識する裏表のある一枚の紙には詩の源泉が潜んでいて、それを引き出すことによって小説という、物語の形ができ上がる。いささか抽象的でわかりにくいかもしれませんが、ここにある、一枚の紙を二つ折りにした四ページの「本」を使って、言葉と本の形がひとつになる現場を説明します。

たとえば、小説でも詩でもいいのですけれども、一ページ目の文章を読んでみる。そして一ページ目の一番最後に「愛」という字があると考えてください。文の流れからいって、ページをめくるとその最初の文字は「情」であろうというのは、ふつうに推測できる。ところが人間というのはおもしろいもので、「愛」という字を見て、無意識に「愛着」という言葉を思い浮かべたりもする。あるいは、「愛欲」「愛撫」「愛人」といった言葉をイメージする人もいるでしょう。そうやって、「愛情」だろうという前提で読んでいながら、その人の無意識のなかには「愛着」があったり、「愛欲」があったり、「愛人」があったりする。で、次のページに移ると、思った通り「情」という文字が出てくる。やっぱり「愛情」なんだと納得しつつも、その「情」という字を見ると、また無意識のうちに「情熱」「情動」「情事」「情態」「情報」といった、「情」という響きが乱反射するような言葉が出てくる。こうやって「愛情」というひとつの言葉に、読む人によって揺らぎながら多様な意味が孕まれていく。言葉というのは、そのようにして自己化されていくのだと思います。

これはまさに言葉がモノである証拠なんです。実際にテキスト、作品を読むという行為において、ある言葉なり文章なりの意味が迷子になっていき、そうした経緯を経て自己化されていく。そして、この迷子になるということこそ、実は文芸作品を読むほんとうの意味なんです。つまり、読む人それぞれのイメージのなかで、「愛情」というひとつの言葉が乱反射を起こしていく。そうした作業を重ねていきながらテキストを読み終わったときに、その人にとっての文芸作品が生まれるわけです。

もうひとつ大事なことは、その迷子になっているときの心の状態はどうなっているのかということです。ぼくが考えるに、既存の意味からはぐれながら、心が浮き上がっているような状態、浮遊している感覚とでもいえばいいでしょうか。つまり、文字を読みながら自分が何を読んでいるのかわからないというある種の空間、空白が生まれる。その空白のなかで自分の心がたゆたっている。本を読んでいて、その作品がおもしろいとかおもしろくないとかではなく、一瞬その物語からフワっと気持ちが離れて、ふと我に返って、「読んでいる」こと自体に気がつく、そんな瞬間がみなさんにもきっとあると思います。そういう瞬間というのはおもしろいもので、本文ではなくノンブルや本に目がいったり、上製本であればチリなんてものに目がいったりする。で、ふと現実に戻って、「あ、自分は本を読んでいるんだ」と気づく。

それと同じ感覚で、実は紙のことにも気がつくんです。「何を読んでいるのかわからなかったけれども、ああ、人差し指が触っているのは紙の表で、親指が触っているのは裏だ」といったように、自分の指が紙を触っていることに気づく。読んでいる内容ではなく、読んでいること自体に気づく。そこで大事なのは「気づく」ということなんです。ふつうの人はなかなか気がつかずに過ごしているのですが、本はそういう瞬間に、ある「気づき」を伝えてくれる。何かに気づくということは、批評的行為の一番原形的なもので、紙の本はそれを長いあいだ、人間に与え伝え続けているんです。世界は読むことで生まれる。

＊　＊　＊

先日、詩人の稲川方人さんとパフォーマンスをやりました。どういうパフォーマンスかというと、彼が書いた新作の詩「はなぎれのうた」のテキストを受け取り、ぼくがその詩を読んで聯《れん》分けをし、それをページにレイアウトをしていくというものです。本来なら詩人がすべきところの作業を、装幀者であるぼくがやったわけですね。そこで作った小冊子「はなぎれのうた」（左図）がこれです。

「はなぎれ」というのは、上製本の背のところに付いている小さな布の切れ端のことで、花布と書きます。かつては、本を表紙に固定するという実用的な役割を持っていましたが、製本技術が発達した現在では、装飾的な意味合いのほうが強くなっています。表紙に固定すると、折り重ね、綴じられた本文が立ち上がる、表紙に付いて立ち上がる。表紙を開いて、Tの字形に椅子に立てる。横が表紙、縦が本文。この形は、キリストの磔刑図の形なんです。この姿が本の原形だと思います。ですから、英語でThe Book といえば聖書のことですが、これは何も西洋の人たちにとって聖書がもっとも重要な本だという意味だけではなく、本の形そのものが、キリストを表しているからではないのかとも思います。

　いささか横道に逸れてしまいましたが、とにもかくにも大事なことは、本を読みながら手のうちで紙の裏表に気づくことです。そして、その「気づき」の瞬間には、自

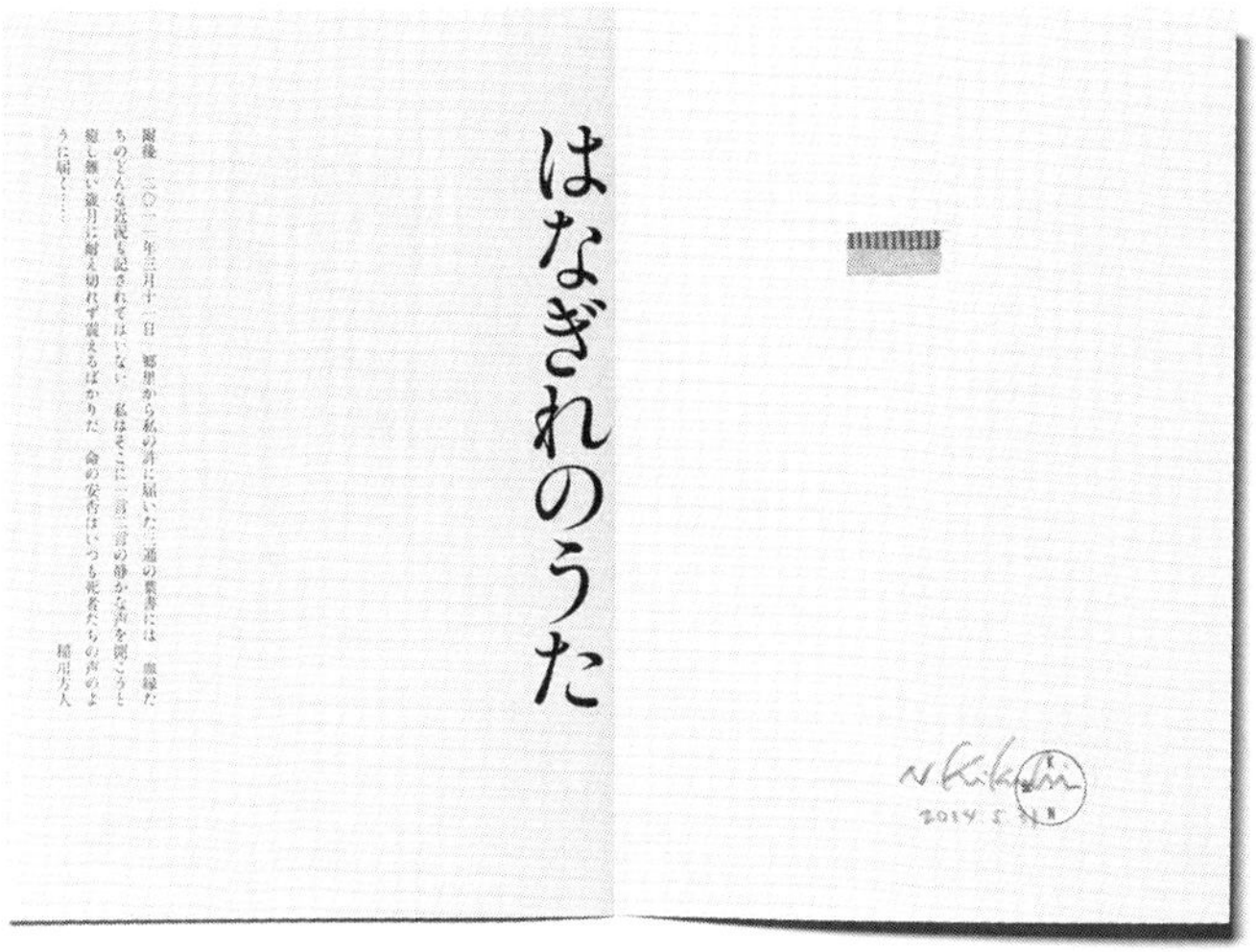

「はなぎれのうた」

分の心がじつによく静まっている。その「静まっている心」に生まれるのがほんとうの意味での「私」なのだと思います。言葉と紙への触知がもたらす静まった心が、一人ひとりのリアルな生を、生きる力を与えてくれる。つまり、「私」というのは、本から得た他人の知識や、本のなかのなにやら格好のいい一行を自分でアレンジしていくことでその人らしい個性が生まれるのでは決してない。むしろ、本を読めば読むほどその人から言葉が奪われていく。そうやって素っ裸な自分になることで、自分の現実を生きることを後押ししている。せんじつめれば、一人ひとりの現実を生きるときには、むしろ言葉は邪魔なのかもしれない。

これまで話してきたぼくの気持ちをうまく形にしてくれている小説があるので、それを紹介したいと思います。ご存じの方もいらっしゃると思いますが、小山清という作家がいました。明治四十四（一九一一）年に生まれ、昭和四十（一九六五）年に五十三歳で亡くなっています。生涯で四十一の作品を残していますが、すべて四百字詰原稿用紙で十枚から十五枚ほどの短篇です。二十九歳のときに太宰治に師事し、太宰のもとで小説を書き始める。井伏鱒二などとも懇意で、井伏さんは『荻窪風土記』に収められている「小山清の孤独」という素晴らしいエッセイを書いています。そのなかに、「小山君は年齢の上からも経歴の上からも、戦後の新人として珍しく文学青年窶《やつ》れした人だつた」という一節があります。ぼくはこの「窶れ」という文字がすごく好きなんですね。井伏さんのエッセイを読んでいて、はじめて「窶れる」という漢字に出会って、その字面のよさに惚れぼれしました。「文学青年窶れ」って、なにかとてもいいですよね。はじめて会ったころの中上健次は、まさに文学青年窶れした男でした。

その小山清に「日日の麵麭《パン》」という作品があります。文庫本で十ページほどの短い小説で、これがいいんです。どんな小説かといえば、文庫の裏表紙に、「妻に先立たれ、幼い娘を連れておでんの屋台を曳く男の日常を静かに辿った『日日の麵麭』」とあります。

少し長いですが、その本文の一節を読んでみます。

《その頃、末吉――これは主人公のおでん屋をやっている男の名前――はグラフ雑誌の反故（それはおしげ――これは亡くなった奥さん――が買ってきた林檎の紙袋であったが）で、戦争中、ドイツ軍がパリを占領していた当時、ドイツ軍人の妾をしていたフランス女が、再びパリがフランス軍の手に帰したときに、同胞の手で頭髪を坊主にされて、ドイツ軍人との間に出来た幼児を抱えて、同胞たちの指弾の視線を浴びて、街中を追われてゆくところをうつした写真を見た。（中略）末吉の目はその写真にすいつけられた。胸の痛むような気持がした。（中略）人々がこのような目つきで隣人を見ることをやめない限りは、世の中は住みよいものにならないという思いであった。（中略）末吉は写真をおしづ――末吉夫婦の娘――に乳をふくませているおしげに見せた。末吉は自分の心に生じた思いは語らずに、／「おい。この女はまる坊主にされているぜ。」／おしげも気をひかれて写真を見ていた。／「きっと戦争中は威張っていたのよ。」／「大きにそうかも知れない。」／夫婦はそんな会話をした。（中略）それは末吉にとっては生れてはじめての経験であった。末吉はおしげが自分にとって、この世の風雪を凌いで生きてゆくのに無くてはならぬ伴侶であったことを知った。／――おしげの骨壺を抱えて焼場から間借りしていた部屋に帰ってきて、末吉は一瞬ぼんやりしていたが、われに返った時、自分が誰かが来るのを待っていることに、そしてそしてその誰かとは、いまその亡骸を骨にしてきたおしげであることに気づいて驚いた。部屋の中には最早おしげがいなければ埋められない空虚があった。／末吉には世間の目も、他人の思惑もそれほど気にならなくなった。娘のおしづの手を引いて歩いていると、おしづの小さな掌の感触が末吉の気持を鎮め穏かにした。》

ひとつの出来事も、少し見方を変えることでこんなふうに裏表になる。「伴侶」というのは、二人連れという意味ではあるけれども、違ったもの同士が違いながらもひとつであるような状態のことを指しているわけです。世界はそういうふたつの見方においてはじめて成立しており、逆にいえば、どちらも真実であって、同時に、どちらもほんとうのことではない。ドイツ人の妾になってフランス人をいじめた悪いやつだと怒る気持ちは当然あるだろう。しかし、丸坊主にされて町を追われていく人をかわいそうだという気持ちも間違っているわけではない。この小説は、そういう現象を伝えているのだろうと、ぼくには読めます。

それから、「他人の思惑もそれほど気にならなくなった」という一行がとても重要です。気にならなくなったということは、既存の価値観がなくなってしまう、ある種言葉を奪われてしまったといってもいいでしょう。この一行があるからこそ、娘の小さな手の感触が末吉の気持ちを鎮め穏やかにしたわけです。

小説の最後にも大好きな一行があります。ある日、末吉はおしづのお腹に疣《いぼ》ができたので医者に連れて行きます。その帰り道、露天で麦藁帽子を売っているのを見かけ、末吉は自分の分とおしづの分のふたつを買った。末吉はすぐその場でおしづの頭に帽子をかぶせてやり、おしづの顔を何度も覗く。おしづの小さな顔に麦藁帽子はよく似合っていて、家に帰った末吉は二つの帽子を棚の上に載せる。そこで末吉が娘に語りかけます。

「お目めをつぶってごらん。ほら、大きい象さんが見えるよ。」

末吉と娘がどんな家に住んでいるかというと、土間がひとつに四畳半の一部屋という小さな借家です。この一行を読んだときに、「この棚はどこにあったのかな？」と考えました。おそらく、土間の上がり框《かまち》の上に棚が付いていて、そこに娘と自分の麦藁帽子をふたつ載せる。で、ふっと見上げると、帽子の出っ張った部分がふたつ見える。末吉にはそれが象の背中に見えたんでしょうね。すごくうれしくなって、傍にいる娘に、「ほら、大きい象さんが見えるよ。」というのですが、象がどこにいるかは書かれていない。ふつうだったら「棚の上を見てごらん」とでもいうところですが、ここでは「お目めをつぶってごらん」という言葉を持ってきている。

つまり、妻を失い世界から切り裂かれたように感じていた末吉が、麦藁帽子という具体的なものを通してある種の安らぎを覚える。そして、愛する娘とつながるのはイメージの力です。きっと、この後、「えっ？　うそ？　どこにいるの？」「ここだよ」「ああ、象さんがいる！　父さんの象さんとわたしの象さん！」なんて会話があったのでしょう。そして、娘はその麦藁帽子をかぶるたびに、お父さんがそばにいなくてもお父さん象が自分をしっかりと守ってくれている、そんなイメージもきっと浮かんだのだと思います。もちろん、これはあくまでもぼくの想像で、実際の小説は、「おしづを寝かしつけてから、末吉は明日の商売物の用意をした。」で終わる。

芸術性の高い小説というのは、その作品を読んだ読者の数だけ解釈が存在するものですから、これはあくまでもぼく個人の解釈であって、みなさんも是非この作品をお読みになって、自分なりの解釈をしていただければと思います。

＊　＊　＊

話が行きつ戻りつしてしまいますが、ある先ほどページをめくる指先の感覚が大事だといいましたが、実は紙の匂いというのも本にとっては大事な要素です。もう三、四十年も昔のことですが、ある編集者の方から、「紙は出版社によってみんな違う匂いがする。中央公論の紙はすこし酸っぱい、新潮社は少し甘い匂いがする」と教えられました。というのは、そのころ大手の出版社はそれぞれ特漉《とくす》きの紙――各社独自の注文で製造した本文紙――を使っていたんです。それぞれ香りも違えば風合いも違っていた。もしかすると、紙だけではなくインクの匂いの違いもあったかもしれない。昔のグラビアインクなどは、かなり強烈な匂いでしたし、オフセットインクでも会社によって微妙に違っていたのかもしれない。

それから音、紙の音です。本文紙についていえば、さすがに昔であっても、紙をめくる音にはほとんど差がなかった。ところが、ぼくの装幀をコレクションしてくださっている方がいて、その人は集めた本をすべてグラシン——昔の函入《はこい》りの本などによくあった、表紙をくるむ飴色の半透明の薄い紙ですね——で包んでいるんです。なぜそんなことをしているのかというと、「べつに菊地さんの本が大切だからやってるんじゃないんだ。グラシンって大好きなんだよ。グラシンの音っていいよね?」というわけです。世の中にはそういう本好きがいる。いってみれば、本好きの前衛というか、そういう人たちがいるから本というものが持続する。われわれ装幀者は、その人たちの感性のお裾分けをいただきながら仕事をしているわけです。

いま申し上げたように、本というものは、視覚は無論のこと、触覚、嗅覚、聴覚といった感覚から成り立っているわけですね。五感でいえば、あと残っているのは味覚ですが、本を舐めるわけではないから本に味なんかないだろうと思うでしょうが、実は本にも味がある。最初に、「本というのは人の心をつくる道具だ」といいましたが、自分の心をつくるような本であれば、読んだらすぐに捨ててしまうのではなく、五年、十年、二十年と自分の手元に置いておくことになる。時間の経過のなかで、蛍光灯の光で紙が焼けたり、煙草を吸っている人だったら煙草の煙が付くだろうし、自分が歳をとって手足に軋みが出てくるのと同じように、本にもやはり軋みが出て、朽ちていく。その本に夢中になっていた理由も思い出せないが、目が行くごとに大切なものがあることを訴えてくるのは、まぎれもなく読むという行為の後味なんです。

＊　＊　＊

会場へ入ってすぐのところに、透明のケースのなかでフワッと浮いているかのように展示されているのが、駒井哲郎さんが装幀したモーリス・ブランショの『文学空間』（粟津則雄・出口裕弘訳、現代思潮社、一九六二年）です。最近ではどうやら、ぼくが装幀という仕事を選んだのは、ブランショの『文学空間』に出会ったことがきっかけだということが物語化されていて、自分も人も「そうかな」と思ったりすることもないではないのですが、時系列的な経過からいえば、事実ではありません。ぼくが『文学空間』に出会ったのは一九六二年、十八歳の秋で、「よし、装幀の仕事をしよう」と思ったのはそれから十五年くらいあとのことで、その間、装幀者になろう、なんて考えたこともなかった。

とはいっても、『文学空間』との出会いが運命的であったことはたしかです。それまで文学とはまったく縁のなかった自分が、たまたま本屋で見たそれに、引き寄せられるようにして買ってしまったわけですから。いま思えば、それはモノとしての本の力だったんですね。はじめてあの本に出会ってから、かれこれ五十年。この五十年のあいだ、ぼくはいろいろなところに引っ越しましたが、常に自分の仕事部屋の一番いいところにブランショの『文学空間』を置き続けています。今回、はじめて自分の部屋から外へ出しました。

今回の展覧会にあたって、文学館の方が、ぼくが十八歳のときに藤沢の静雲堂書店で買った一冊をぜひということで、それが置いてあるわけです。その折にはじめて気づいたことがあります。どういうことかというと、ご覧になった方はわかると思いますが、あの『文学空間』は函入りなんです。で、本屋さんの棚に並んでいるときには、ふつう函入りの本は函の背のほうが表に向けられている。ところが、十八歳のときに魅入られたように引きつけられたのは、カバーの背の金箔の文字なんです。棚の上のほうで金の箔が電球に照らされてピカピカ光っていた。ということは、あの本はふつうとは逆に、函の背ではなく腹のほうを向けて並べられていたことになる。なぜ静雲堂の店主はこの本に関しては逆にしたのか。単なる偶然なのか、あるいはこの本の装幀に何か感じるものがあって背文字の金箔を見せたかったのか……。いずれにしても、もしあの本が函を背にして挿されていたら、十八歳のぼくは『文学空間』に出会えていなかった。そのことに、今回はじめて思い至りました。まさに、「気づき」ですね。

もうひとつ。ぼくはこれまでブランショの『文学空間』と『来るべき書物』（粟津則雄訳、現代思潮社、一九六八年）という本をずっと大切に思ってきたわけですが、そこには訳者である粟津則雄という文学者の声が濃密に響いていて、この二つの本は粟津さんの精神の産物でもあるわけです。もちろん、モーリス・ブランショというフランスの文学者のテキストを借りてはいるのですが、実はその訳文を通じて粟津則雄の心を読んでいたんだということに気づいたんです。粟津さんが『文学空間』を訳していたのは六〇年安保のころで、そのときまだ三十歳そこそこ。六〇年安保当時の美大の哲学・思想界のスターといえばサルトルやメルロ＝ポンティ。そういう時期に、粟津さんはサルトルではなくブランショの『文学空間』だった。

これまでにもあちこちで書いたり話したりしたことですが、本というモノの力、装幀の魅力で『文学空間』を買ったのはいいけれど、いざ読み始めてみると、ぼくにはまったく歯が立たなかった。大袈裟にいえば、一行もわからなかった。なにしろ、それまで日本の小説すらまともに読んだことがなく、まして外国の小説なんか手を出そうとも思わなかったわけです。だから、目次に出ている作家の名前もひとりとしてわからなかった。ただ、これもあとで気がついたことですが、ぼくはこの五十年間、「文学空間」というタイトルだけを読み続けてきたのだと思います。本のタイトルというのは一行目であって、あの駒井さんのハードなエッチングで記された「文学空間」というたった一行をずっと読んでいたわけです。「文学に空間なんかないじゃないか」という、その程度の高校生でしたから、そのタイトルが実に不思議だったんです。「文学の空間っていったい何なんだろう?」と。しかし、目次を見ても、本文を読んでも何もわからないし、答えが出てくるわけでもない。五十年間わからないまま、ずっと「文学空間」という一行がぼくを見つめつづけ、ぼくもまたその一行を見つめてきた。

『文学空間』が刊行された六年後の一九六八年、同じブランショの『来るべき書物』の翻訳が出ます。『文学空間』は出口裕弘さんとの共訳でしたが、今度は粟津さんの単独訳です。これも同じく秋でした。「おっ、同じ人の本が出ている」とすぐに買いました。すると驚いたことに、今度は読めるんです。といってもフランス文学を勉強したわけではなく、一ページ目で次のような文章に出会い、それがするすると頭の中に入ってきたんです。

《セイレーンたち。たしかに彼女たちは歌っていたようだが、それは、人を満足させるような歌い方ではなく、歌の真の源泉と真の幸福とがどのような方向に開かれているかを聞きとらせるだけの歌いかたであった。だが、彼女たちは、未だ来るべき歌にすぎぬその不完全な歌によって、航海者を、そこでこそ歌うという行為が真に始まると思われるあの空間へ導いていった。だから、彼女たちは、航海者たちをあざむいたわけではなく、実際に目的地に導いたのである。》

その後、粟津さんとは親しくお付き合いさせていただくことになるのですが、この文章は粟津さんの呼吸そのまま、まさに粟津さんがしゃべっている感じの文章なんです。この一節には、「文学空間」という一行と同じように、この五十年、人生を支えてもらいました。この本に出会ったころは、コマーシャル・デザインの仕事をしていて、企画書を書くにしても何にしても、すべてこの一節でいけちゃうんです。未完成だからこそ人を惹きつけ、未完成だからこそ目的の真の源泉まで惹きつけることができる——。これを何度読み返し、何度嚙み締めたかわからない。まして、装幀という仕事を得てからは、この一節から多大なヒントをいただいている。

たとえば、ある時代のぼくの装幀のトレードマークになった文字をぼかすとか、文字を斜めに置くとかいうことも、未完成への志向というか、完全なものへのある種の疑いから出てきたものです。だから、「文字はナントカ書体が美しい」「ナントカ書体の何級と何級をぶつけるとほんとうに美しい」といったような考え方を、デザインの思想だとぼくは全然思わない。それはある種の美学の問題であって、デザインの問題ではない。そうした見方、批評性は、やはりブランショのこのセイレーンの文章によって気づかされたわけです。まあ、そんなことも含めて、ブランショの二つの本との出会いがぼくの装幀者としての人生を大きくつくってくれたわけで、その意味でもとても大切な本です。そういう本と出会えた幸せを、つくづくと嚙み締めています。

*　　*　　*

ここまで、主に本や言葉の物質性についてお話ししてきましたが、その物質性をないがしろにし、危うくする元凶が近年にわかに擡頭《たいとう》してきた、いわゆる電子メディアだと思っています。電子メディアは、本の流通、本の製作、そして読書空間という三つのステージにおいて、紙の本を駆逐していっています。メディアの電子化は、この三つのステージのいずれにおいても、言葉の数ある側面のうち、伝達性という側面のみを利用している。つまり、言葉というのは決められた意味を担った消費財にすぎず、人の心をつくる道具である言葉の裏みたいなものはすべて不要だとする、そういう動きです。そこでは、読者が本の消費者に貶《おとし》められている。そんなところでは、言葉の裏や言葉の物質性に気づくことができないし、まして批評性や「私」というものが育つわけがない。ぼくはそう思います。

このメディアの電子化というのは、日本の戦後の消費時代の産物です。最初は、テレビという巨大な装置が紙の本を追いやり、その最終兵器としてタブレット端末が現れる。そこで何が起こっているのか？　われわれの感覚、感性、感情が奪われ続けているわけです。その証拠に、近ごろ流行りの言葉に「元気や勇気をもらった」というのがあります。あれほど嫌いな言葉はないですね。元気なんてもらうものですか？

勇気なんてもらうものですか？　これはつまり、自分の感覚、感性、意識、身体性をすべて奪われてしまって、心は人の手に渡ってしまったことを臆面もなくいっていることと同義なんです。そうとしか思えません。

それに、ぼくはあの端末というのが、どうにも嫌でしようがない。紙の裏表を感知する貴重な指がツルツルした面で心許なげに踊っている。ためしに「端末」を広辞苑で引いてみると、「物のはし。すえ」と書いてある。まさに「物の端、末」の上で、紙の本をめくる指が踊らされている。それが現状です。そして、広辞苑では「端末」の次に出てくる言葉が、なんと「断末魔」なんです。なんだか、できすぎですね。ついでだからその意味も調べてみると、「梵語marman支節・死穴と訳す。体の中にある特殊の急所で、他のものが触れれば激痛を起こして必ず死ぬという」とある。

そんなわけで、死に直結するような端末の上での指の踊りをやめて、もう一度紙の本をめくってみませんか、という結論になるわけですが、最後にもうひとつ、お話をさせていただきます。

＊　＊　＊

戦後をつくった大量生産、大量宣伝、大量消費という三つの「大量」が相まって、グーテンベルク以来六百年にわたって紙のメディアが培ってきた近代的な知性が駆逐され、いまや風前の灯火となってしまっている。あるひとつのテキストのなかに小見出しができて、大見出しができて、本のタイトルができる。そして各ページにノンブルがふられ、柱が付され、索引がつけられる。これは本というものが流通していく過程において必然的に生まれてきたもので、それが逆に人間の知のありようをも構成していった。その知性の構造を補塡し、統合しているのが大学という機関なのです。つまり、近代がつくりあげた教育装置まで含めて本であって、逆にいえば、大学は巨大な本だともいえる。そうやって長い年月をかけて築き上げてきた知の体系をわずか七十年ほどの消費社会が駆逐してしまったわけです。ぼくも含めて、戦後七十年を生きてきたわれわれは、「消費者は王様だ」などと躍らされて、おだてられて、おまけに「あなたらしい個性をつくれ」とさんざん煽られた。ところがどっこい、個性なんてものは大量消費のなかに溶かし込まれてしまい、個性なき主体、感情なき主体が構成されてしまった。挙げ句、高度資本主義時代に移行した現在、これ以上大衆を踊らせてもモノはつくれないし、売れないというので、「もう消費者はいらない」という方向に転換が図られている。要するに、「消費時代」から国家主導の資本主義体制にシフトを変えて、矢継ぎ早にいろいろな制度が具体化されている。それが現実です。

ぼくの大好きな詩人の石原吉郎の言葉に、「民主主義の根本を支えるのは人間不信だ」というのがあります。この言葉に触発されたわけではないのですが、この世界には、自分の主義主張のために爆弾を抱えて死にたい人と、冬山で本を読みながら凍死するのが夢だという人、この二通りの人間しかいないのではないか、と。そして、文学の役割というのは、爆死したい人でも凍死したい人でも、その双方に「まあ、そっちもいいだろうけど、こっちもいいぜ」「そっちもあるけど、こっちもあるよ」といい続けることなのではないか。爆死でも凍死でもない、そのどちらかに固着せずに、両方の側面を見ていくことを伝え続けるのが文学の仕事だと思うんですね。そして、その文学を支える言葉のもっとも根本的な仕事は、「言葉にならない言葉がある」ということを伝えることで、そのためにこそ言葉がある。

これは今日ずうっとお話ししてきた「言葉の裏表」という問題にもなるし、言葉というものが「静まったある心」をもたらしてくれるということにも結びついていくと思います。いささかとりとめもない話になってしまいましたが、要は、モノとしての本、モノとしての言葉を実感してこそ、一人ひとりの人生をリアルなものへと導いてくれるのだということを踏まえて、みなさん、どうか紙の本を愛してください、と。このことをもう一度お伝えして、終わりとさせていただきます。

（談）

I

裏のない紙　装幀余話

一　装幀・第四期へ

二〇一四年五月三十一日〜七月二十七日、神奈川近代文学館において、「装幀＝菊地信義とある『著者50人の本』展」が開催された。ここでは、菊地信義が手がけた一九七三年から二〇一四年までの一万二千点余の装幀作品から、文芸書を中心に著者五十人の本、約三百点が展示された。紙の「本」の内包する豊かさと可能性に触れるべく、眼で見るだけではなく、実際に手にとれるような展示もされ、多くの来場者を迎えた。

また同年五月、この企画展に合わせるように、『菊地信義の装幀』（集英社）が刊行された。同書には一九九七年から二〇一三年までの作品が収録されている。『菊地信義装幀の本』（リブロポート、一九八九年刊。一九七三〜一九八七年の作品を収録）、『装幀＝菊地信義の本』（講談社、一九九七年刊。一九八八〜一九九六年の作品を収録）に続く、第三作品集である。この三冊は、四十年に及ぶ菊地信義の装幀のそれぞれの時期における特徴を炙りだしてもいる。その意味で、二〇一四年の夏以降は、装幀家としての第四期に突入することになる。

大古の本の原形

今回、展覧会を開催していただき、第三作品集も出させていただいたことで、これまでの自分の仕事に向き合うことにもなったわけですね。同時に、「本」というものについて「本は人の心をつくる道具」であるということも改めて考えさせられた。ページをめくるというのは、極めてエロティックである。ところが、電子メディアにはツルッとした上滑りの感覚だけで、その触感がない。その触感を喚起するのがほかならぬ紙なんです。

おもしろいのは、五感のうち、視覚、聴覚、味覚、嗅覚はすべて顔というひとつの器官に集約されているのだけれど、触感だけは全身で受けとめることができる。そうやって全身で受けとめたものを各人が固有な触感として蓄積していく。ということは、そこに記憶された触感はすべてシチュエーションが違うわけで、それだけに触感の記憶というのは言葉にしにくい。

たとえば、毛虫を触って平気な人と毛虫を触るのなんて嫌だという人もいる。ぼくは近所の浜辺をよく裸足で歩くのだけれど、さらさらした砂が気持ちいいときと、気持ち悪くてしかたがないときがある。そのくらい触感は、条件によって異なるわけですね。

　そして、そうした言葉では表しえないような触感の記憶こそが、実はその人自身の感性の下支えとなっているともいえるし、そうやって全身を通して触知され、蓄積された感性の内に、言葉が堆積されていく。

　結局、音楽であれ、絵画であれ、文学であれ、高い芸術性をもっている作品は、制作にとりかかってからはじめて作品ができるのではなく、それ以前の無意識の状態からすでに作品は紡がれている。現代詩を例にとれば、詩人自身、自分が何か明快にわかって書いているわけではなくて、えもいわれないある感覚を、なんとか言葉にしたくて無意識のなかから紡ぎ出して書いている。これは読む側も同じで、えもいわれぬ何かもやもやした感覚を言葉にしたいんですね。いささか屁理屈を捏《こ》ねると、触知されたある経験、記憶みたいなものが言葉を求めているわけです。

　そうした欲求が詩の言葉と出会うことで、はじめて読めたという感覚になる。といっても、単に物語を要約できたというのでは読めたことにはならない。芸術性の高い言葉に出会って、それをパッと読めた瞬間というのは、自分のなかに蓄積していたある記憶が言葉を得たということなんですね。

──そうした感覚を具体的に形にすることから本が生まれる。その本という形態も、巻物から冊子状のコデックスへと移行し、グーテンベルク以降、写本から印刷へと転換して、現在あるような本という形になる、と。

そう。ただ、今度の展覧会の会期中、ずっと頭のなかで転がしていたイメージがあるんですよ。グーテンベルクのはるかはるか前、人類の草創期、狩猟・採集を基本としてある単位の集団で移動していた時代。ある妊婦が出産したところ死産だった。それは特別なことではなく、ふだんは何を思うことなく、そのまま立ち去っていた。ところがあるとき、その母親になんとも不思議な気持ちが兆してきて、死んだわが子を土に埋め、そばにあった石ころを一つ、その上に置く──。

ぼくは、その置いた石が本の始まりじゃないかと思うんですよ。つまり、その母親は死んだ子を見てなんらかの感情が生まれたのだけれど、それが何だかわからない。

それまでは産み捨てても死産でも、なんら心を動かすことがなかったのが、なぜかそのときに限っては、何かが動いた。その何かが、石という形になった。それが、本というもののスタートじゃないかと思う。その後、何世代も経ていくあいだに、その石は記号となって——むろん墓という観念はないだろうけれど——人々の記憶に定着し、やがてそれが感情、心を生み出していく。一人の女が偶然に拾い上げて置いた石、それこそが本の原形であって、そこから何万年、何十万年という時間を経過して、いまあるグーテンベルク以降の本へとつながっていく……。実は、そんなドラマが駆け巡っていたんですね。

——そうした堆積した記憶を含めて、本という総体には相当な知恵や知識が詰まっている、と。

作家が一冊の本を書くために、五十冊、百冊の本を資料として読んでいるだろうし、その人が使う単語一つにしても、とんでもない量の知識が詰まっているはずです。

これは自分の無知をさらすのだけれど、ついこの前、蜂飼耳さんのエッセイ（「おいしそうな草」、『おいしそうな草』岩波書店、二〇一四年、所収）を読んでいて、「青人草」という言葉をはじめて知った。記紀や万葉集に出てくる言葉で、民草、人民を指す言葉なんですね。最初はこの言葉に、なんともいえない違和感というか、その単語だけ異物のように浮き上がっているように思えた。すぐに万葉集を引っ張り出して読んでみたら、たしかに出てくる。万葉集のなかでも非常に象徴的な言葉で、さっきの産み捨てた子どもではないけれど、人はどんどん増えて、時には動物に食されたりもする。自然のなかにある草のような存在だというイメージが、この言葉には詰まっている。

これは単なる知識としての情報ではなく、本という言葉の現場のなかで起こった事件なんですね。蜂飼耳という詩人の書いた散文のなかに繰り込まれた「青人草」という単語に出会うことによって、読む者に一種の違和感を引き起こさせる。つまり、ある一人の作家が表出した言葉というのは事件になりうるし、本を読む行為というのは、その事件の現場に立ち会うことなんです。もっといえば、そこに表出されている言葉は情報として提供されているのではなく、事件として提供されている。それを情報化するのが一人ひとりの読むという行為だということになる。

——その事件に立ち合うためには、書き手だけではなく、編集や校正といったさまざまな作業を経て出来上がった「本」という形があって、はじめて出会えるということですね。

そう。書くという行為、読むという行為をもっとも純粋に培養して形をなしたのが本なんです。

『漱石全集』、繁次郎の装幀、祖父の帳簿、アルチンボルド

——ところで、先日、神奈川近代文学館の展覧会を終えたばかりですが。

実はその後遺症で、この一、二カ月、実作者に戻れない感じがある。というのも、第三作品集と展覧会とで、自分のやってきたことを改めてトータルに見せられたわけですから、この後は、これまでと同じことはしたくないという思いがどうしても出てくる。そうなると、次のステップのハードルが急に高くなったように感じられて、かなりきついんです。

第三作品集を作るにあたり、この十五、六年間の作品を見直して、そこから何百点も選んで編集し直したわけです。すると、「えっ、こんなこともやっていたんだ」と、自分で驚いたりもする。ついこのあいだの日経新聞に、哲学者の鷲田清一さんの『見られることの権利〈顔〉論』（一九九五年、メタローグ）（図1）という本の記事が大きく載っていた。その本は、表に見えているカバーには一切文字がなく、タイトルと著者名を含めて、文字はすべて帯および帯の下のカバーに入れてあるというものです。このスタイルは、この後他でもやったことがあるし、いまではさほど珍しいことではないけれど、最初にやったのは、鷲田さんのその本なんで

図1　鷲田清一『見られることの権利〈顔〉論』

す。本が出たのが一九九五年ですから、もう二十年近くも前のことだけど、その記事を見て、ああ、これが最初だったなと、どこか他人事のように思ってしまう。

要するに、一万二千点もの装幀をやっていると、やり尽くしたとまではいわないけれど、かなりいろいろなことをやっていて、はじめてのスタイルだと思っていたのが、実は以前すでにやっていたことを忘れていたなんていうことも出てくる。そうすると、ほんとうにハードルが高くなる。それに、装幀というのは、自分でキャンバスに絵を描くわけではなく、人から依頼されてはじめて成立するものでしょ。そうすると、自分がジャンプできるかどうかは、依頼された作品のレベルにも因ってくる。もし、そのテキストが身震いするようなものなら、いままでと同じではいけないと強いプレッシャーがかかってくる。

——テキスト自体がもたらしてくれることのほかに、現在の装幀シーンから刺激されるということもあるのでは?

先日の展覧会でも手伝ってくれた水戸部功君は、ぼくの「最後の弟子」と公言しているのですが、彼はいま、ゴチック体を真っ白い紙の上で暴れさせて、非常にいい仕事をしている。そういう三十代の人の仕事が一方にあって、もう一方には鈴木成一の見事に成熟した仕事が確固たる岩盤をつくっている。その二つに挟まれて、一体自分はこの二人に対して何を打ち出すことができるのか。それを発見できなければ、菊地信義の装幀者人生も第三期で終焉ということになる。その意味でも、不安半分、楽しさ半分といったところです。

――第四期の入り口に立って、これまでの仕事を振り返る前に、まずはご自身の「本」との出会いを話していただけますか。

父方の祖父は神田で鰹節の仲卸みたいな商いをしていたんです。どういう仕事かというと、三陸まで出向いて、土地の漁師が獲った鰹を現地で鰹節に仕立ててもらい、東京の商店に売りさばくといった、一種の卸というのでしょうか。そういう商いをやっていたんですね。その義理の息子である父は農林省の役人。つまり、商人と役人という毛色のまったく違う二人の男が経営している家庭に育ったわけです。

ぼくが生まれたのが昭和十八（一九四三）年。まだ戦争中ですが、二年で終戦になって、数年後、神田から湘南へ引っ越すんです。

湘南の家は、二階建ての小さな家で、一階は、鰹節を削ったり乾したりといった祖父の仕事場。二階に両親と三人で暮らし、祖父母は別の家から通っていたらしい。数枚の写真があるだけで祖母から聞いた話です。その家に、親父の蔵書が収まった本箱があり、そこに多くの専門書とは異なる夏目漱石の全集がそろっていたのを覚えている。

――岩波の『漱石全集』。

そう。表紙がオレンジ色の地に白い漢字の文様がデザインされて、天に金箔を施した「天金」だったのを覚えている。何巻本だったのか、細かな冊数は記憶にないのだけれど、我が家にあった唯一本らしい本で、本との出会いのひとつは、まさに漱石のあの全集です。親父は文芸書とは縁遠い人で、文芸書といえば、もうひとつ、佐野繁次郎が装幀した横光利一の小説本があって、確か『旅愁』だったと思うけれど、軽いタッチの室内の絵が描いてあった。昭和二十年代初頭の並製。高さ一間（約一・八メートル）、七段ぐらいの本箱で印象に残っているのはそのくらいです。それ以外はすべて農政関係などの専門書だから、子どもにはタイトルすら読めなくて、まったく記憶に残っていない。

これは本ではないのだけれど、祖父がもっていた帳簿の記憶です。ぼくは初孫だったので、祖父母の部屋に、祖父と祖母とに挟まれて川の字になって寝かされていたんですよ。その離れの寝室は祖父の趣味でつくられていて、趣味のいい和室だった。そこに違い棚があって、その抽斗のなかに帳簿があったんです。帳簿といっても大福帳のようなものではなく、黒い革装で天金、大きさはA4ぐらいだったと思います。中を開くと、クリーム色の厚味のある本文紙に青や赤の罫線が印刷されている。革装の帳簿に何かすごい存在感を感じた。湘南は湿気が多く革の匂いがきつくて、その匂いもよく覚えている。子どもにとってはなんとも得体の知れないものなんだけれど、縦横に引かれた赤と青の罫線が綺麗で、何か特別のもののように思えたんですよ。これもいまから思えばなのですが、クリーム色の紙もすごく質のいいものだった。滑らかな質感、ベートーヴェンが羽根ペンでその上に楽譜を書くような表情というのかな。

ともかく、非常に印象に残っている。

その和室の違い棚のなかで、もうひとつ衝撃的な出会いがあった。現在の週刊百科のような薄くて大きな冊子で、それが何冊かあった。そのうちの一冊にアルチンボルドの絵があったんです。アルチンボルドというのはマニエリスムの代表的な画家で、果物や野菜をパーツにした肖像画といえば、「ああ、あれ」とわかる人も多いでしょう。ぼくのような戦中、戦後の子どもは絵本など与えられなかったから、それをはじめて見たときの驚きといったらなかった。異様な心の高まりを覚えましたね。時たま、祖父母がいないときを見計らって、その冊子を引っ張り出しては見ていた記憶がある。漱石全集、繁次郎の装幀、革装・天金の帳簿、そしてアルチンボルドの絵、これがぼくの最初の本との出会いですね。

——すべて視覚的なイメージですね。自分が読む本というのは？

絵本も含めて、幼いころに自分で本を読んだという記憶がほとんどないんですよ。小学校に入ってからは、『少年』とか『漫画王』とかの月刊漫画誌が、自分の生活環境に入ってくるのだけれど、いわゆる読書体験というのはない。いまでも覚えているのは、小学校に入った年に、おじが入学祝いとして、いまはなくなってしまいましたが、京橋にあったテアトル東京という映画館に連れて行ってくれたんです。何の映画だったかは覚えていないのだけれど、その帰りに、これまたもうなくなってしまった銀座四丁目の洋書屋のイエナに寄って、A5ぐらいの中綴じの洋書の翻訳で、『きのは鳥』というタイトルの植物の画集を買ってくれた。安っぽくてこってりした印刷なんだけれど、脂ぎったというか、なんともいえない色調と匂いが印象に残っている。

——今度は嗅覚。視覚、触覚、嗅覚と、そのあたりから、感覚の蓄積をし始めたわけですね。総じていえば、モノとしての感覚。

そう、モノなんです。戦後の一番モノのない時代でしたけれど、祖父の仕事が小学校ぐらいまでは大変羽ぶりがよかった。もっぱら祖父が運営していた家なんです。戦後の一時期、日本橋の三越劇場で文楽の公演が行われていて、その公演に祖父母は孫を連れていったんです。芝居の内容は全然記憶には残っていないけれど、華やかな舞台のきらめき、巧妙な舞台の仕掛けに興奮した。まあ、いま思うと贅沢なモノ体験ですよね。

自分ではあまり自覚がないのだけれど、小学校から中高あたりまで、友人たちから、菊地というのは何を考えているかわからない、ぼうっとしている子だと思われていた。実際に何が好きというわけでもなかったし、そういう印象だったようですね。

ベン・シャーンからエディトリアル・デザインへ

中学に上がるころには、わが家の経済が暗転して、家屋敷が人手に渡るかもしれないということになって、厳しい現実に目を向けざるをえなくなる。父の力で家はなんとか人手に渡らずにすんだのだけれど、そのころ、中学の美術の先生に、ベン・シャーンのポスターを見せられた。それがデザインというものをはじめて知るきっかけになり、中学二年のときにはもう美術学校へ行こうと決心していた。高校に入ってからは、多摩美の図案科（現在はデザイン学科）に狙いを定めて、それに必要な科目しか勉強しなかった。

――そして、目論見通り合格する。

入ったはいいものの、これがともかく異様でした。時代は高度経済成長時代の直前で、そのころの多摩美はまさにグラフィック・デザイナー、アドヴァタイジング・デザイナーの養成機関みたいだったんですよ。ところが、こっちは家が傾いて、子ども心に将来の不安を抱えているときにベン・シャーンに出会い、そこでデザインに目覚めた。

――なにしろベン・シャーンですからね。

ベン・シャーンといえば、第五福竜丸、ケネディ暗殺でしょう。こちらも、『ライフ』が広島・長崎の原爆の写真を掲載したり、原水爆禁止運動が分裂したりといった情勢を受けて非常にとんがっていたころだから、ベン・シャーンに倣って社会派デザイナーを目指そうと意気込んで入ったわけですよ。当時の多摩美には、時代を先取りするようなファッションに身を包んだような人たちがたくさんいた。そのころVAN

という会社が男性の既製服に新しい風を吹き込んで評判となっていたけれど、キャンパスにもアイビー・ルックで決めた男女がいた。ところがぼくときたら、四月から真夏までほとんど同じポロシャツで、ズボンは母親に親父のズボンを詰めてつくってもらったのを穿いていたわけですよ。

——ベン・シャーンとアイビー・ルックは合いませんよね。

ただ、アイビー・ルックの影響たるやものすごかった。少し後には『平凡パンチ』が創刊(一九六四年)されましたが、表紙を飾る大橋歩の絵がまたアイビー・ルックで、そうした風俗そのものがデザイン科にあったわけです。だから、入って早々、これは何か違うなと違和感を感じていた。授業自体も極めて実務的なもので、いささかデザインに対して絶望的になっていたんですね。そんななかで、たった一人、そうしたキャンパスの風潮とはまったくかけ離れたような男がいた。そのS(新谷雅弘)という男との出会いがおもしろいんです。

確か入学した年の秋ころだったと思うのですが、青山の草月アートセンターでジョン・ケージの演奏会があって、のちに「ジョン・ケージ・ショック」といわれるほど、いまなお語り草になっている演奏会なんですけどね。ぼくはそのころジョン・ケージにすごく興味があったから、どうしても行きたいと思って、どういう算段をしたのか覚えていないけれど、通しの券を手に入れて通ったわけですよ。

ジョン・ケージの来日というのはちょっとした事件だから、休憩時間には、一柳慧、黛敏郎、武満徹といった、写真でしか知らなかった文化人がずらっといる。ぼくは相も変わらずポロシャツにビニールのジャンパーと親父のズボンで、そんな薄汚いのは、ぼくしかいない。なんとも居心地の悪さを感じながら周囲を見回していると、向こうのはずれにもう一人汚いのがいる。ちょっと伸びかけの坊主頭で、牛乳瓶の底みたいな眼鏡をかけて、うっすら不精ひげを生やしている。よれよれの学生服にナップザックを背負って、おっかない顔して周りを見回している。「あいつ、どこかで見たことあるな」と。それがSだったんですね。

当時、多摩美の図案科は四クラスあって、各クラス四十人で総勢百六十人いた。それだけ人数がいると、同じ学科でもふだんはほとんど会わないのだけれど、向こうもこっちに気がついて、「多摩美だ、図案科だ」となって、それをきっかけに親しくなったわけです。ベン・シャーンに憧れてはいたものの本などほとんど読んでいないぼくと違って、Sは工芸高校の出身で、高校時代からすでにデザインを専門的に学んでいたし、本もよく読んでいて、ラディカルだった。

二年のときの文学論を教えていたのが奥野健男さんで、たしか一年間、吉本隆明と島尾敏雄のことしかしゃべらなかったのじゃないかな。本を読まないぼくは、吉本隆明も知らなければ島尾敏雄も知らない。それが、奥野さんの授業を聞いて興味をもつようになって、特に吉本さんに惹かれて、『擬制の終焉』(現代思潮社、一九六二年)を手にした。

自分が求めていたのはこれだ、と思ったのだけれど、Sは花田清輝なんですよ。当時、花田・吉本論争というのがあって、大雑把にいうと政治と芸術運動をめぐる論争だったのだけれど、結果的には吉本が勝ったというのがおよその了解事項で、特に若い連中はみんな吉本さんに強く惹きつけられたんです。でも、Sはそういう流れに乗らずに、花田清輝に心酔していた。ところが、こっちは花田を読んだことがない。だから、生かじりの吉本的な知識で何か議論をふっかけようものなら、Sは花田になったつもりで徹底的にやりこめてくる。

ともあれ、Sの影響を受けて、ぼくも花田が買っている松本俊夫という映画監督の作品に刺激を受け、そこからブニュエルなんかを知る。

——藤沢の本屋でブランショの本に出会う前に、そうした下地ができていたのですね。

それまでのぼうっとしていた自分が、Sという触媒に出会って、ある種の化学反応が起きたみたいな感じですね。同じ一年生のときに加納光於さんに会いに行くわけですから。

結局、加納さんのいる鎌倉山へ週に一度は通うようになったのですが、加納さんを通じて、武満徹を知り、澁澤龍彥の本を読むようになり、それから暗黒舞踏の土方巽、版画家の池田満寿夫、詩人の加藤郁乎といった人たちに出会うことになる。「加納光於の弟子」と口にすると、皆さんからは、「加納光於が弟子なんかとるわけないじゃないか、お前、よく弟子だなんていえるね」なんて茶化されましたけど、それでもずっと周辺にいさせてもらったのは、ありがたかったですね。

もちろん当時は意識していなかったけれど、加納さんの家の本棚で目にした美術ものの佇まい、中でも、マックス・エルンストのコラージュ作品集『百頭女』と出会った記憶は、どこか深いところへ堆積していったのだと思う。父の棚の黒くて堅い印象に対して、白く柔らかな表情。まだ造本の名称は知らなかったけれど、フランス装の本を初めて手にした感動は忘れられない。

――当時はまだ、装幀というものを意識はしていなかった？

加納さんは、装幀も手がけていらしたわけですが、自分がそういう仕事に関わりたいとは思っていなかった。自分の心を魅了する作品の作家に接しているだけで十分だった。漠然と、エディトリアル・デザインをやりたいと思っていて、たとえば、『ライフ』みたいな雑誌で、自分でテーマを決めてアート・ディレクションをやりたかったんですよ。

初めて手がけたエディトリアル・デザイン

そうしたら、思わぬところからチャンスがめぐってきた。一九六五年、二十二歳のときです。当時ぼくは大学を中退して、大学の一年上の先輩のデザイン事務所でアルバイト暮らしをしていたんです。デザイン科（当時は図案科）に入学はしたものの、デザインという技術を作動する「私」が大切なんだと、加納さんと出会って、考えるようになったのだと思う。ぼくは、ほとんど勘当に近い形で家を出てしまったので、友達の下宿に居候していたわけです。そんな折、エディトリアル・デザインの仕事が舞い込んできた。母親の知り合いの方が写真集を出したいというカメラマン（渡辺澄晴）から「若いデザイナーを知らないか？」と相談を受けていて、ぼくがエディトリアル・デザインをやりたがっていると母が話していたのを思い出してくれたらしい。

もちろん、ぼくにはまるで経験がないわけですから、先輩に相談しながら、といっても先輩もエディトリアル・デザインに経験があったわけではないのだけれど、二人してあれこれ試行錯誤しながらつくったのが、この『ワシントン広場の顔』（一九六五年、悠々洞）（図2）という写真集なんですよ。

――表紙裏の折り返しに、「ブックデザイン　菊地信義」と書いてありますね。

写真家は日本光学の営業部の人で、写真の割付もできる。彼から「ここはこの写真を見開きで」とか、「ここはこの四点で構成する」といった指示をそのままレイアウトしていったようなものなんですけど。久しぶりに見直してみると、余白なしで、乱暴といえば実に乱暴なレイアウトですね。

図2　渡辺澄晴『ワシントン広場の顔』

――おそらくは、見返しとか化粧扉とかそういうことも知らなかったでしょうから、基本的には見よう見まね？

ぼくの大学時代、グラフィック・デザインといえば杉浦康平と粟津潔で、そこから吸収してというか、盗んでというか……。写真集のチラシも全部ぼくがつくったのだけれど、使っている平体をかけたゴチック書体なんか、まさに当時の杉浦風。それでも、実作で杉浦風を自分なりになぞった経験は大きかったと思う。

——函の印刷は、シルクスクリーンですか？

そうです。たしか印刷所は写真家の指定で、この函も専門の製函所に頼んだものだと思いますが、素材は自分で選んだ記憶がある。この白い段ボールがすごく新鮮でね。一九六五年といえば、高度経済成長に向かっていくところですから、さまざまな素材が出始めていた。

むろん、将来装幀を仕事としてやっていくなんて夢にも思わなかったけれど、この経験はとても新鮮だったし、「本をつくるのって、おもしろいな」という実感は、た

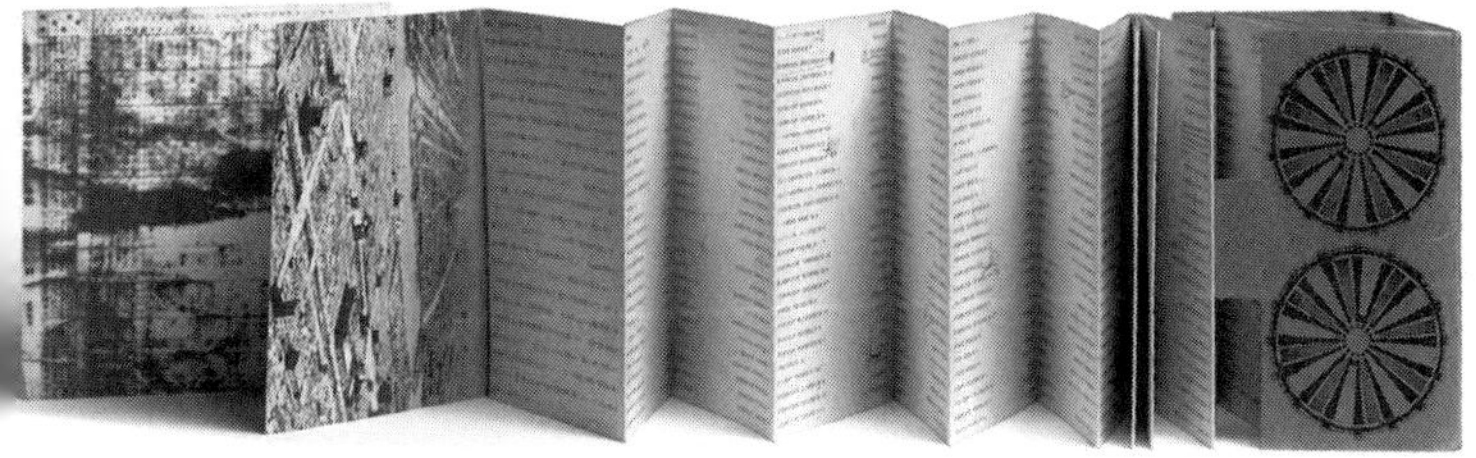

図3　『不二建設株式会社　創立20周年記念　作品集』

しかにあった。それまでは、商店のチラシといった平面的な仕事ばかりでしたからね。

その翌六六年、また本の仕事が入ってきたんです。先輩の父親は建設会社の社長で、設立二十周年記念社史（一九六六年、『不二建設株式会社　創立20周年記念　作品集』）（図3）をつくることになった。そのデザインをプランづくりから始めたんです。

まず考えたのは、ただ普通に社史をつくってもおもしろくない。会社の二十年間と日本の戦後二十年を抱き合わせて見せていくのがいいのではないか、と。そこで、二十年間の大きな事件、出来事の写真を集めて、年ごとに象徴する一件を選び年表にはめ込んでいく。東京大空襲後の焼け野原、広島の原爆投下、東京裁判、松川事件、サンフランシスコ講和会議……東京オリンピックといった具合に。経本折りの本体の表面に印刷し、その裏は会社の年表になっていて、この二十年間に受注した工事名から社員全員の写真まで載っている。

この製本は経本折り。表裏で四十四ページの二冊の経本折りを台紙の左右に張り込み、交互に重ねてある。表面の写真は年代順に構成してあるが、交互の折りを変えてしまえば、六〇年安保のデモの人々と、六四年の東京オリンピックの競技場を埋める人々の写真が並びもする。歴史というのは決して単線的なものではなく、いろいろな事件、出来事が折り重なってつくられていくということを造本で表したかったんですよ。この表の出来事と裏の出来事は一見関係ないようだけれども、表裏背中合わせになることでなんらかの意味が生まれてくる。

ちょうどテレビが普及していたころだから、テレビのわきに置いておけばその戦後二十年間の年表として、家族で楽しむこともできる。拙いながらも自分なりに考えたわけです。

もうひとつ、この仕事が記憶に残っているのは、デザイン雑誌のデザイン評をやっている人が、この社史について「妙な仕事を見た」と紹介してくれたんです。ほんのひと言ではあったけれど、初めて未知の人から自分の仕事について触れてもらった。「ああ、どこかで通じるんだ」といった喜びを知った。

『an・an』と『花笑』

――この社史の仕事が六六年。その後、七〇年創刊の『an・an』に関わることになるのですが、その間は？

そういう仕事をさせてもらったとはいえ、あくまでもアルバイトですから、どこかに就職しようと探していたんですね。『現代の眼』という雑誌がありましたよね。

――新左翼系の総合雑誌。

あの雑誌のトップに三、四ページ写真ページがあって、「構成・〇〇」とデザインをした人の名前が載っていた。先にもいったように、ぼくは『ライフ』のような雑誌のエディトリアル・デザインをやりたかったので、まさにこれだと思い、就職できないかと『現代の眼』の編集部へ訪ねていった。そうしたら、このページ構成は、ちょっと器用な人間に頼んでやってもらっているだけだから、お金も払っていない。その代わりに名前を載せているんだと、断られてしまった。

その「構成」という言い方でわかるように、当時の雑誌——週刊誌、月刊誌にかかわらず——を見回してみても、「レイアウト」という考えはほとんどなかったんですね。だけど、『ライフ』とか、フランスの『エル』やアメリカの『セブンティーン』といった雑誌を見ると、「アート・ディレクター＝〇〇」あるいは「レイアウト＝〇〇」と書いてあって、アート・ディレクションというのに憧れていたんですね。

——以前からその手の雑誌を見ていたのですか。

高校のときに女友だちの一人が、『エル』とか『セブンティーン』を取っていて、彼女に見せてもらっていたんです。ファッションには興味がなくても、写真や文字の構成が新鮮だった。

大学の同級生だった家内と二十五歳になったら結婚しようと約束をしていたんです。ところが、いざその歳になってもいまだアルバイト生活。これではいかんと、結婚するためにとにもかくにも就職をしようと。それで、小さな広告代理店（日東エージェンシー）に勤めたわけです。

そして、就職して二年めか三年めかに『an・an』が創刊するんですね。大学時代の友人Sが『an・an』のデザイナーをやっていたのですが、人手が足りなくなって、「お前、夜だけでも来ないか？」と誘われて、エディトリアル・デザインの仕事には興味があったから、即引き受けた。ということで、昼間は広告代理店に勤めて、夜は『an・an』のデザイン室に通うという二重生活をすることになった。いくら若いとはいえ、昼夜ぶっ続けでやるわけですから、過労で、二年でダウン。

結局、広告代理店も『an・an』も両方辞めて、ある広告製作会社（トーコー）に拾われる。そこで装幀者になるまでの数年間を過ごすことになるわけです。

――草創期の『an・an』って、やはりおもしろかったですか。

ぼくなんか一番へたくそでしたからね。アート・ディレクターは堀内誠一さんで、その下に二人の部下がいた。その一人が友人Sで、もう一人が女性で、基本的にはその三人で回していたのだけれど、どうしても手が回らないということで、ぼくは端物の係になった。というか、何ページにもわたるものは時間的にもやらせてもらえなかったんですね。

ただ、エディトリアル・デザインの現場で仕事をやっていくうちに、自分の資質みたいなものがわかってきた。自分はひとつのテーマを何ページかを使って表現するよりも、あるテーマを一ページに凝縮するほうに興味がある。写真やイラストではなく言葉に引かれる自分がいた。雑誌じゃなくて本なんだ、と。そういう自覚があったけれど、それがすぐに装幀の仕事へ移行する環境も機会もなかった。誘ってくれる人がいて、スタッフ十五人ほどの広告製作会社のアート・ディレクターとして三、四年費やすわけですが、そこでひとつの仕事に出会った。

――アパレルメーカー、ミカレディのＰＲ誌『花笑《はなえみ》』（図４）の編集ですね。

新しいPR誌を出すにあたって、数社による指名コンペがあったんです。その当時のミカレディのイメージは「良家の奥様の既製服」で、あまり流行に左右されない服を基本としていた。『an・an』をはじめとする新しいタイプのファッション誌が提示する年や季節ごとの流行を取り入れ、ファッションを楽しむスタイルとは相反する価値観をもった既製服の会社だったんです。理由は、ミカレディの服地が、織物ではなくてニット、編み物なんです。『an・an』などが提示する服は織物だから、春先にこの夏の流行の質感とデザインを決めたら即、織って染めて新製品ができる。ところがミカレディはニットだから、夏物のニットでも一年から二年くらい前に企画を考えて用意していかないと間に合わない。そうすると、年ごとに変化しない「本物志向」を前面に押し出して、流行とは別の服装の価値感を提示しなくてはいけない。

ミカレディから要請されたコンセプトは、『an・an』などに象徴されるような衣料品の価値観ではない、新たな価値を模索するPR誌をつくりたいというものだった。

こっちは、『an・an』に関わっていたので『an・an』流の戦略がわかっていましたから、あえて真逆でいこうと。表紙を除いて、本文では写真やイラストは使わずに、ひたすら言葉で装う価値を突き詰めていく――そういう企画を提示した。

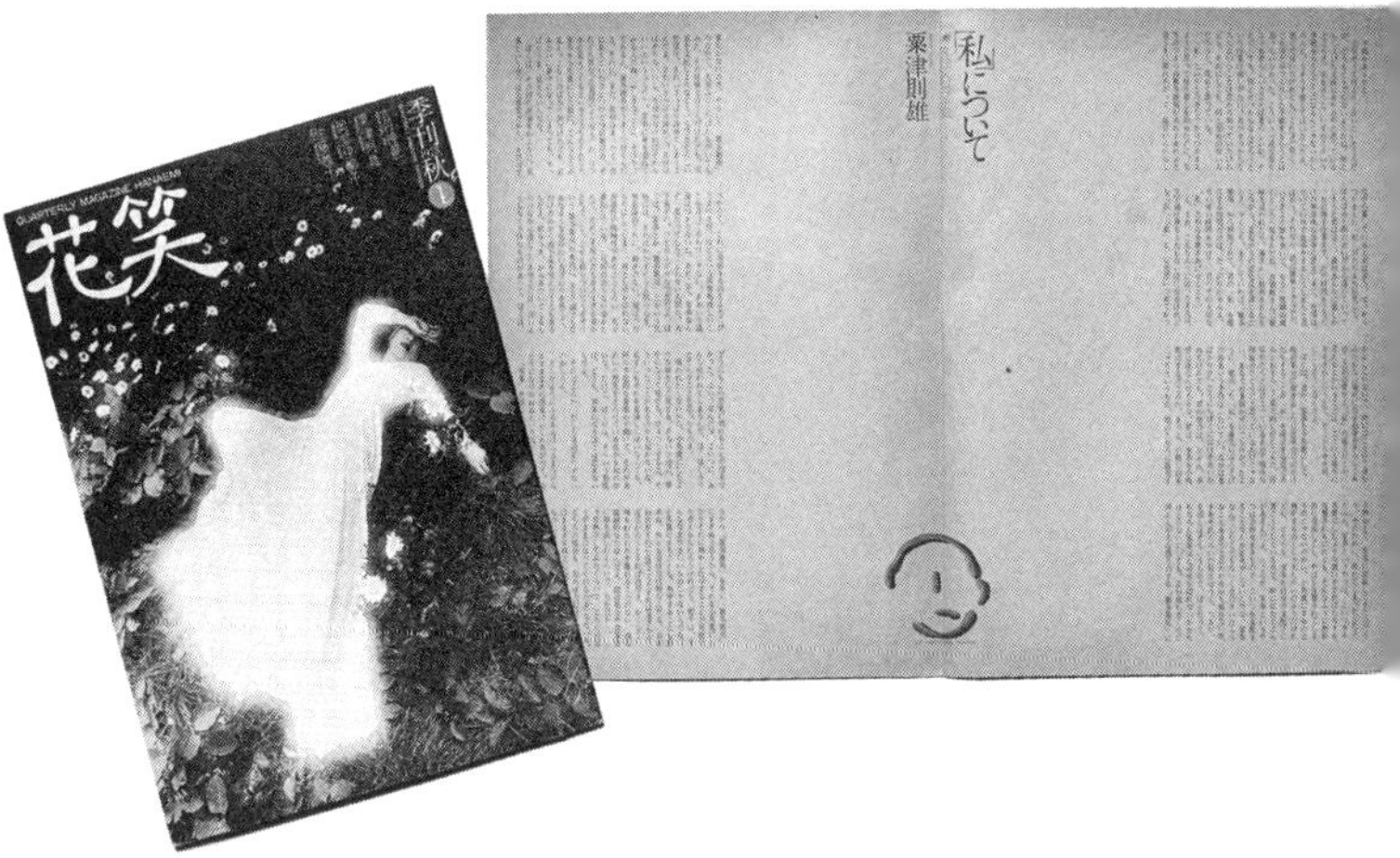

図4　『花笑』

　それがおもしろいと思われたんでしょう。仕事が取れてしまった。が、その会社には雑誌づくりの経験値がなかったし、ぼくも編集の仕事をやったことがない。それでもやらなければいけない。やむをえず、ぼくがアート・ディレクター兼デザイナー兼編集者となって、助手はいましたが、基本的には編集から原稿発注まで一人でやることになった。季刊で十六ページの小冊子でしたが、毎号ほぼ四、五人の書き手に原稿を頼んで、デザインして、印刷所とのやり取りもする。まさに手づくりです。

写真やイラストを排するわけだから、当然タイポグラフィーは大きな要素になってくる。誌面の物質感を支えるのはタイポグラフィーですから。

【創刊の辞より】

（前略）〈花笑《はなえみ》〉の編集テーマは〈よそおう心〉におきました　現在鮮やかなカラー写真をふんだんに盛り込んだはなやかなＰＲ誌が多い中で〈花笑《はなえみ》〉は文字を主体にした見ることより読むための小冊子といたしました　人間が美しくなる　美しくよそおうことはすばらしいことです　と同時にメンタルな美の追求　たしかなものを選ぶ目を培うこともぜひ身につけておきたいことです　そんなねがいをこめて編集いたしました。

（後略）

――表紙まわりのタイポグラフィーと文字の置き方などは、後年の菊地さんを彷彿させます。

まだガラモンド・イタリックはないけれど、ゴチックのローマ字で雑誌名を付けている。タイポグラフィーに関する稽古がここでひとつできた。当時、杉浦康平さんや栗津潔さんのゴチックを主体にしたタイポグラフィーになんとか対抗できないかというのが、自分なりの課題だったんです。当時の『an・an』では、縦横の太さの差があまりないタイポスという新しい明朝体がよく使われていたわけです。で、杉浦さんのゴチック、『an・an』などが象徴するタイポスにたいして、次のタイポグラフィーを見つけなければならないというときに、この『花笑』が一つの稽古場になっていた。

――本文に使われているのは何という書体ですか？

石井の中明ですね。MM-A-OKL、MM-A-NKL。ゴチックは確か、同じ石井の中ゴシ、MG-A-KS、MG-A-KLあたりだと思う（注――第Ⅱ部「乳房感覚の内側で……」では、LM-KPT=石井細明朝縦組用かなを使用とあるがママとする）。そういう杉浦さんたちのゴチックとは違う細いゴチックを馴染ませていこうとしたんですね。で、本文はMMより細い、LM-OKL、LM-NKLだったかな。

デザインのコンセプトが決まったわけですが、むろん肝腎の中身がなくてははじまらない。誰に何を書いてもらうかが問題になる。といっても、ぼくが読んでいる作家や評論家の数だって知れている。数少ない読書経験のなかから、まず浮かんだのが粟津則雄さんなんですね。粟津さんは、ブランショの訳者としてだけでなく、美術評論も書かれていたので、それを読んでいた。そこで、粟津さんがファッションのことを書いていないか、手許にある粟津さんの本を読み直して、ファッションについて言及している箇所にラインを引いていった。そして、こういう側面からなら粟津さんに書いてもらえると思うテーマを考えて依頼をする。同じように、岡部伊都子さんや吉行理恵さんといった、自分がそれまで読んできた作家の本を読み直して、ファッションに関する箇所を拾っていったわけですよ。

そうやって出来上がったのが一九七三年秋の創刊号で、そのときの執筆者は、粟津則雄、岡部伊都子、吉行理恵　佐藤雅子の四人です。

——第二号が、大岡信、安田武、岡本文弥、大村しげの四人。

毎号、ほぼ四人の方に原稿を書いてもらいました。以後、オイルショックで小さなバブルが弾けるまでの四年間で全十六号、粟津則雄さんや吉増剛造さん、相倉久人さん、山本道子さん、三枝和子さん、吉原幸子さん、吉田光邦さん、白石かずこさん、津島佑子さん、柳瀬尚紀さん……、それまで面識のなかった人にも出会うことができたし、みっちり言葉と付き合うこともできた。いま考えると、このときの経験は大きかったですね。

二　装幀者への助走

初の作品集『菊地信義　装幀の本』（一九八九年四月、リブロポート）には、一九七三年から一九八七年までの装幀作品が収められている。冒頭の「1973年」の扉には、『花笑』の創刊号（一九七三年八月）が、その対抗ページには六点の単行本が掲載されている。

一九七三年二月　バリー・マクレー著／相倉久人訳『現代ジャズの奔流』
〃　年四月　相倉久人著『ジャズからの出発』
〃　年四月　ジョージ・メリー著／三井徹訳『「反逆から様式へ。」』
〃　年四月　フィル・ガーランド著／三橋一夫訳『ソウルの秘密』
〃　年八月　築地仁写真『垂直状の、（領域）』
〃　年十月　山下洋輔著『風雲ジャズ帖』
（いずれも音楽之友社刊）

デザインは美学ではない

——年譜的にいえば、七二年、広告会社に入社、七三年、『花笑』創刊、七七年、装幀者として独立……ということになるのですが、独立する前に音楽之友社で何冊か装幀を手がけています。

いってみれば本格的な装幀へ向けてのトレーニング期間といったところかと思います。『現代ジャズの奔流』（図5）の小口と天のぎりぎりに置かれているタイトルなど、まさに「菊地信義」といった感じですね。いまでもこんなにぎりぎりに置くと編集者や制作から嫌がられると思いますが、まして当時では——

嫌がられましたよ。ただね、このタイトルにある「奔流」という文字は、あふれ出るという意味と印象がある。だから、この文字が真ん中にあったら奔流にならない。版面《はんづら》のぎりぎりに置くことであふれ出ることになる。そういうひとつの文字のもつ意味を視覚的にも表したかったんですね。文字というのは、意味を伝達すると同時に形

図5　バリー・マクレー『現代ジャズの奔流』

でもあるから、形自体が本という定形からはみ出していくわけです。
まあ、そんなふうなことを懸命にプレゼンテーションしたんです。それでも最初は、最低でも三ミリの空きがないとダメだといってきて、そこをなんとか説得したら印刷所と製本所のオーケーがとれて、ようやく二ミリの位置を実現してもらえた。

――『風雲ジャズ帖』（図6）も、いまから見るとなんとも大胆ですね。当時の感覚からいえば、著者名が大き過ぎる！　と。

これは、山下洋輔さんの最初の本なんです。この本の担当者は、当時音楽之友社の雑誌の編集長の佐賀秀夫さんという方で、山下洋輔さんを非常に高く買っていて、いろいろな形でバックアップしていたんです。そのころ山下さんが急性肋膜炎にかかって療養生活をせざるをえず、療養中に書いた「ブルーノート研究」を佐賀さんが『音楽芸術』誌に掲載したわけです。

雑誌に掲載された「ブルーノート研究」は話題になって評価も高く、今度はそれを本にしようということになったんです。それでも当時の山下洋輔さんは、ジャズ・ピアニストとしてもまだ知る人ぞ知るで、書き手としては無名でしたからね。

――タモリ、赤塚不二夫、筒井康隆らと一緒に「全冷中」（全日本冷し中華愛好会）や「ハナモゲラ」で人気になる前ですね。

図6　山下洋輔『風雲ジャズ帖』

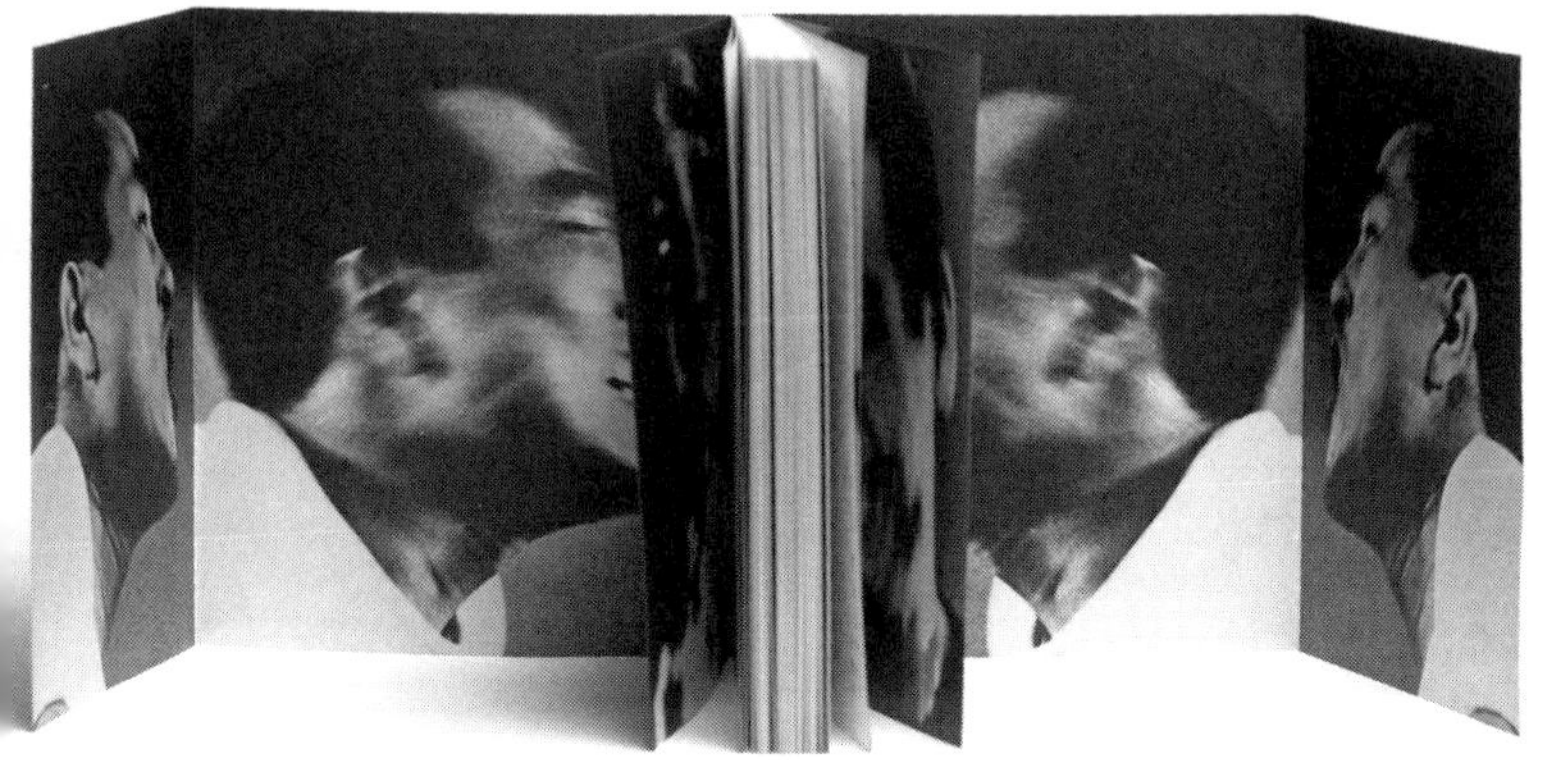

図7　同上見返し・扉

ともかく、この名前だけが頼りだったから、この名前を知っている人に向けて、「山下洋輔」という文字を大きく打ち出す。では、書体はどうするか。これ以前は翻訳物のジャズの本にはゴチックを使ったのですが、この『風雲ジャズ帖』は山下洋輔という日本人のジャズ論であるから、日本化されたジャズへの心みたいなものは明朝体がいい、ゴチックでは表せない。それに、これだけ大きな文字をゴチックにすると、装幀のタイポグラフィーを逸脱して看板になってしまう。欧文のサブタイトルはフランクフルトソーセージみたいな丸い文字を使って、オーソドックスにジャズの感じをプラスしたわけです。

もちろん、その当時のぼくには山下洋輔さんの文章の仕事の立ち位置みたいなものをタイポグラフィー的に受けとめて反映するというところまで意識できていたわけではないけれども、この山下洋輔というジャズマンの本を、ゴチックでデビューさせるわけにいかないなという、勘みたいなものがあったんだろうと思いますね。

——無意識のうちにタイポグラフィーによってマーケティングをするという萌芽が、ここにはある？

そうなんでしょうね。すでにサブタイトルはシャドウまでかけている。実は、この本は表紙や見返しにもいろいろな仕掛けがあるんですよ。表紙の背にも使いましたが、ライフル銃の弾が銃身から飛び出していく連続写真があって、弾が飛び出すときに銃口から熱波が風船みたいに膨らんでいくわけですが、そのプロセスを見返しとか扉に展開している（図7）。つまり、山下洋輔のジャズ論が炸裂していく瞬間を、その写真になぞらえたわけですね。その炸裂感を内部に封じ込めている。

——これは函入りですが、函入りははじめて？

もちろんはじめて。だから、古本屋に行って同じような機械函の本を探して買ってきて、風呂桶のお湯に入れて軟らかくして展開する。それで、底の折り返しの部分はその下の部分より何ミリ短くすればいいのかというのを全部計算して、自分なりに設計図をつくったんですね。ふつうなら担当の編集者に教えてもらうか、制作部や資材部に行って訊けばいいわけですよ。ところがこの本の担当者は雑誌の編集者、全部試行錯誤でやっていくしかない。たとえば、表紙の背幅は本文の厚さに何ミリプラスするのか、自分でいろんな本を集めて、表紙の厚みから背を割り出したり。そういう意味でも、思い出深い本ですね。

ぼくも編集者も単行本に関しては、半ば素人だから、まず「がんだれ」の表紙（表紙の小口側を内側に折り込んだもの）に八ページの見返し口絵をかがりで、不足の四ページが貼り込みという、なんとも奇妙な造りになっている。まあ、知らない強さというか、怖さですよね。
もうひとつ。ぼくはこれまで一万数千冊の本の装幀をしましたが、唯一この本だけが「装幀＝菊地信義」ではなく、「ブックデザイン＝菊地信義」になっている。これは、自分でそうしたわけですが、佐賀さんは、まだ装幀を専門に手がけるなんて考えていなかったぼくに、「あなたは将来本の装幀ができるよ」といって任せてくれた。いま思うと、佐賀さん自身が装幀が好きだったのだと思う。だから、彼としては「装幀＝菊地信義」としたかったのに、ぼくのわがままで「ブックデザイン」にしてもらったわけです。

――それは、どういう気持ちだったのですか。

やっぱり、杉浦さん、粟津潔さんといった人たちのブックデザインを見ていたから、その仲間入りをしたかったんでしょうね。何より、本やデザインに対して自覚できていなかった。

——この辺で少し整理をしておくと、菊地さんが本格的に装幀を手がける一九七七年以前、本の装幀は大きくいって、三つのグループに分けられると思います。

一つは、恩地孝四郎に始まる画家の系譜。当時でいえば、駒井哲郎さん、加納光於さん、司修さん。次に編集者出身の装幀家。田村義也さん、栃折久美子さんが代表です。三つ目がグラフィックデザイナー系。原弘さん、亀倉雄策さん、そして先ほどから名前が出ている杉浦康平さん、粟津潔さんといった人たちですね。

いま挙がった名前でいえば、三番目のグラフィックデザイナー系の人たち、原さんや亀倉さんの中心的な仕事は各種の豪華版なんですよね。全集、大判の美術書、それから百科事典。伝統的な和本の造本スタイルを活かしながら、新しい時代の内容に即した素材感、色彩感などを取り入れていった。グラフィックデザイン系の装幀というのは、単行本というよりまずそういうジャンルに参入していった。その一世代あとの杉浦さんや粟津潔さんになると写真集なども多くなる。そして、それはあくまでも美しくかつ豪華に装うためのデザインであって、デザインが目的で、装幀の手段としてデザインを使うということではない。だから、文芸書や人文書のジャンルでデザイナー系の人が装幀をするというのはあまりなかったわけですね。逆にいえば、画家系や編集者の装幀においては、デザインはあくまでも手段で、目的ではない。

でも、自分はどこまでできているかわからないけれども、批評としてのデザインであれば当然のことだと思うんだよね。つまり、美学じゃないんですよ、デザインというのは。だから、ぼくがあえて自分のことをグラフィックデザイナーともブックデザイナーともいわないのは、デザインという言葉を使いたくないからなんですよ。

テキストへの入り方を重層的に

――ここから年代を追いながら、装幀作品について具体的に伺っていきたいと思います。

まずは、山田智彦さんの『闇からの招待』(一九七七年十月、集英社)(図8)。

音楽之友社以外でいえば、装幀者としてのぼくのスタートは集英社なんです。『闇からの招待』は、初めての小説です。

図8　山田智彦『闇からの招待』

この本には恥ずかしいエピソードがある。それまで十年くらい広告デザインの仕事をしていて、印刷の立ち会いは日常茶飯事だったわけですよ。このときも、カバーの刷りの立ち会いに印刷所へ行ったのだけれど、このカバーの真ん中に使われている紫の色と左右の手の色が思い通りに出ない。そこで濃度を調整して校正刷りを何度も出してもらった。家電製品のカタログやポスターなど費用も量も桁ちがいの仕事だったから、校正刷りを何種類も出してもらうのは当たり前なわけ。校正刷りの枚数を気にしたことはなかった。それにまだ出版の世界のことをよく知らなかったから、小説の初刷がどのくらいの部数を刷るのかも知らない。だから、何度も校正刷りをやっているうちに、校正刷り用はおろか本番用の紙まで使ってしまったんです。

前代未聞の問題で、おそらく、担当編集者は大変だったのだろうと思います。その日、どうやって終えたのか、覚えていない。

――カバーの真ん中を紫色の太いラインが貫いていて、「闇からの招待」という文字を二分している。紫にかかる部分は黒く抜かれ、黒地にはみ出た部分が紫になっている。漢字はゴチックで仮名がアンチック。

カバーの両脇に手の絵が入っているけど、これは編集者からの提案だったと思います。単に絵とタイトルを組み合わせるというのでは自分のデザインにならない気がして、タイトルからイメージして、半分闇から誘われているというイメージをタイポグラフィーとして表現した。これは自分でいうのもなんですが、割と新鮮に受け入れられたようです。カバーの表1の絵は一部しか見えない。絵の主要な部分は折り返しと背にあって、ここでは誘うだけでいいんだということですね。絵をあまり前面に押し出すと、アーティストの装幀になってしまう。文字と絵と色という装幀を構築する要素をどうやって重層的に組み立てていくか、無自覚ながらも、そういう気持ちが動いていますね。

たとえば、文字を際立たせていく装幀では田村義也さんがいる、司修さんは絵で勝負している。自分なりのテキストへの入り方というのは、どれかひとつではなく重層的――この「重層」という言葉はもっと後の『装幀談義』（一九八六年、筑摩書房）を書いているうちに出てきた言葉ですが――にしていかなければならない、無意識のうちにそういう方向に向かっていて、タイトルを分断し、絵を部分として使ったのだと思う。

――それに比べると、立松和平さんの『途方にくれて』（一九七八年五月、集英社）（図9）は、絵が前面に出ていますね。

これは立松和平さんのデビュー作です。絵は、その当時『ガロ』で注目されていた漫画家の鈴木翁二さんに描き下ろしてもらった。当時、『ガロ』を中心として漫画・劇画が新しい表現として新たな流れをつくっていた。小説の挿絵というと、風間完さんを代表とする画家然とした絵がほとんどで、鈴木翁二さんのような鮮度のいい絵を描ける人は既存の挿絵画家にはいなかった。漫画という意識ではなく、劇画のタッチをイラストレーションとして使う。小説のいろいろなシーンを描いてもらい、それをカバーや表紙、見返しに使った。鈴木翁二の劇画でこの本へ招くような感じにしたいと思った。担当編集者も大乗りで、このアイデアで、ということになった。ところが社内の会議で、純文学に劇画を使うなどというのはもってのほかだ、この装幀者は何を考えているのかと大反対を受けてしまった。

――それでも、結果的に意見が通ったわけですね。どのように?

担当編集者と一緒にひたすら説得ですよ。決定打は、著者自身がこのアイデアを喜んで、絶対これでやりたいと。

図9　立松和平『途方にくれて』

三　文芸書を装幀する――埴谷雄高、古井由吉、中上健次

杉浦康平風と司修風の装幀をプレゼンテーション

――そうしたときに、元河出書房新社の寺田博さんたちが作品社を立ち上げたわけですね（一九七九年一月）。以後しばらく、菊地さんは作品社の刊行物のほとんどの装幀を手がけることに。そもそものきっかけは？

中上健次さんです。作品社の最初の刊行物の二冊のうちの一つが中上さんの『水の女』（一九七九年一月）（口絵1）だったんです。中上さんと最初に会ったのは、『十八歳、海へ』（一九七七年十月、集英社）（図10）のときで、カバー写真が中平卓馬さんで、装幀も中平さんがやるはずだったのだけれど病で倒れてしまった。集英社の担当と仕事していたこともあって、「菊地がいい」と、急遽ぼくのところに回ってきた。それを

中上さんに伝えると、ぼくのことを知っていた。装幀した相倉久人さんの『ジャズからの出発』を読んでいて、ぼくの名前を覚えていたんですね。

それで『水の女』の装幀をやることになったわけですが、すんなり決まったわけではないんですね。当時、文芸書の装幀といえば司修さん、司さんと付き合いがあった寺田さんとしては、作品社の装幀は司さんに任せたいと思っていたらしい。もう一人編集者がいて、彼も装幀に詳しく、杉浦康平さんと過去に仕事をしている。文芸書の装幀は数冊しかなく、「デザインは目的じゃなくて手段だ」なんていっているぼくは、危なっかしくてしようがない。会社創立の最初の刊行作品ですから、安心してまかせられる装幀者にたのみたいというのは当然。二人とも、菊地には頼みたくないけれど、

図10　中上健次『十八歳、海へ』

中上さんがいうから仕方なくぼくのところへ来た仕事だと。

それで何をしたかというと、杉浦さんが『水の女』を装幀したらこんなふうになる、司さんが装幀したらこうなるだろうというプランをつくって、それを二人にプレゼンテーションしたんです。杉浦さんはあまり文芸書を手がけていなかったけれど、グラフィックの仕事を念頭に、タイトルと著者名は杉浦風のタイポグラフィーで、図像もアジア志向の図像を使う。一方の司さんであれば、『水の女』に出てくる女のイメージをグリーンを基調にして――舞台が紀州だからね――、そこにしっとりとした明朝体で「水の女」という文字を置く……。二人の『水の女』のサンプルをつくったというよりも、二人の装幀表現を自分なりに相対化し、言葉にした。

そうして、今度は自分なりのテキストの読みを滔々と述べていったわけです。曰く、これまでの中上健次の本の装幀には、地方色とか土俗性が勝っていて、現代性があまり出されていない。純文学が読まれなくなってきたいまの時代、やはり現代文学としての視点を導入すべく、コンテンポラリーな絵を探したほうがいいのではないか。そこでもってきたのが、この麻田浩さんの絵なんです。麻田浩というのは、知る人ぞ知るシュールレアリスム的な洋画家で、この絵を選んだのは、精液と水というキー・

ヴィジュアルに当てはまるし、紀州の濃密な時空を暗示しているからだ、と。
そして、見た目にはわかりにくいかも知れませんが、タイトルを囲む紫の短冊のグラデーションには、広告デザインの世界で鍛えた手練手管をつぎ込んでいる。これは栗田印刷という付き物専門の小さな印刷所でやってもらった。いまなら、四色掛け合わせたグラデーションを地の図柄に溶け込ませていくというのはさほど難しいことではないけれど、当時はまだコンピュータなどないからすべて製版の手作業でやらなくてはいけない。絵の藍版と短冊の藍版、絵の紅版と短冊の紅版、黄版、黒版の四色を二版ずつつくって、重ね合わせて、覆い焼きする。そうすると、印刷は四版なのだけど、実際には八版つくらないとこの効果が出せなかったわけですよ。

——校正刷りで本文紙を使い切ったころから比べると、ずいぶん経済観念が発達しましたね。

作品社と出会ったのはいい勉強になった。ぼくが装幀を始めたころは、本文の印刷が活版から電算写植への移行が始まっていた。その辺から印刷・製本など本をめぐる技術も変わっていくわけです。小ロットの文芸書のカバーや表紙の印刷では限られた予算のなかで何ができるか。そこで考えることで、なんらかの発見がある。その発見は、栗田印刷との出会いがあってこそできたことでした。

――ところで、菊地さんのプレゼンテーションについて、二人の編集者の反応はどうだったのですか。

先ほどいった、現代文学としての視点を取り入れ、これまで純文学では使われることのなかった画像を導入してみたらというぼくの提案を受け入れてくれ、実際にあがった校正刷りを見て、印刷の完成度に感心してくれた。幸いに本が売れて、装幀の評判もよかったんですよ。「『水の女』を装幀した菊地信義というのは一体誰なんだ」と、編集者の間で話題になったらしい。集英社でいくつか仕事はしていましたが、少なくとも純文学のジャンルでは無名に等しかったこのぼくが、『水の女』のおかげで、以後三年間毎月ほぼ二冊ずつ、作品社から出る単行本はすべて手がけられるようになったわけです。

――『水の女』の次が瀬戸内晴美さんの『花火』（一九七四年四月）（口絵2）ですね。

これは、当時、資生堂のポスターなどを手がけていたカメラマンに頼んで、両刃のかみそりに細い銅線を巻いて水に沈め、特殊なストロボでそれを撮ってもらったものです。いわば、水中花火の演出です。背の白抜きの「花火」という文字の一部に赤のグラデーションがかかっている。いま、こうしたタイポグラフィーの処理はいくらでもあるけれども、それまでの文芸書にはあまりなかった。要するにこれは、花火が爆発するイメージを赤で表したわけです。

――作品社では、ほぼ三年間毎月二冊ずつ、八十点近くの装幀を手がけたわけですが、そのほとんどが文芸書。しかも装幀者として独立して間もない時期にこうした仕事をしたのは大きかったのではないですか。

その三年間の仕事は、ぼくの装幀作品のショーウィンドウみたいなものだったといえる。作品社の仕事を見て、ぼくの名前を知った若い編集者もけっこう多かったようです。彼らが自分で単行本を担当できるようになって、ぼくのところへ装幀を頼みにきたときに、作品社の本の話がよく出ましたからね。そういう意味でも、作品社での八十冊というのは、すごく大きい。

『光速者』――装幀者としての最初のメルクマール

――なかでも、埴谷雄高さんの『光速者』（一九七九年九月）（口絵3）は、CTスキャンで撮影した埴谷さんの脳の画像が装幀に使われたことで、新聞で取り上げられたり、大きな反響を呼びました。

埴谷さんといえば、杉浦康平さんが『闇の中の黒い馬』（河出書房新社、一九七〇年六月）や『埴谷雄高作品集』（河出書房新社、全六巻＋別巻一、一九七二―七六）の装幀をされていて――例の黒い本ですね――、まさに大御所的な存在なわけですね。それで、編集長からいわれたのが、「おまえ、これはチャンスだから、装幀の力で売ってごらんよ」と。

実は、その月に予定していた本が出ないことになったんです。そこで編集長が、当時宇宙論が流行っていたこともあって、埴谷さんの宇宙に関する文章を掻き集めて、急遽「光速者」というタイトルで仕立てたものなんですね。だから、二千部だったか二千五百部だったか、どんな造りでもいいし、少しくらい定価が高くてもいい、「ほんとうに装幀の力で売れると思うものを提案してくれ」とアジられたわけです。

まあ、こちらも生意気盛りでしたから、どうしたら装幀という表現が話題になるかを考えた。しかし、この十年ほど新聞の文化欄などで装幀が話題になった記事を読んだ記憶がない。では、どうしたら装幀を記事にしてもらえるのか。当たり前だけど、菊地信義の装幀ということで話題になるなんてことは絶対ありえない。となれば、ここはどうしても埴谷さんの名前に頼らざるをえない。広告デザインをやっていたときの乗りで、埴谷さんご本人を登場させるのはどうか、たとえば、埴谷さんが望遠鏡を覗いている写真を使うとか……そんなところから考えはじめた。

そんなときにある写真を見たんです。当時『週刊ポスト』の別冊の仕事をしていて、夜中に編集部に行ってレイアウトをやったりしていた。あるとき、親しい編集者が、「こんなの見たことある?」といって、二つ折りのパンフレットを見せてくれた。なんだか、宇宙の星雲のようなものが写っている。「何これ？　宇宙のどこかの銀河か何か？」「そう思うだろう。ところが違うんだよ」と、もったいぶってなかなか教えてくれない。ようやく、これは人間の脳のレントゲン写真なんだと教えてくれたんですね。それがあまりにおもしろいので、コピーを撮ってもらったわけ。

後でわかったのだけれど、それはＧＥ（ゼネラル・エレクトリック）製の断層写真の機械で、当時、日本には二台しかない、最先端のものだったんです。そのとき、装幀のアイデアを出す締め切りまであと十日くらいしかなかったから、すぐさまそれに飛びついたわけね。これで埴谷さんの脳を撮ったなら、宇宙の暗黒星雲みたいに見えるに違いないし、それが埴谷さんの脳だとなったら絶対話題になる、と。

で、それを編集長にプレゼンテーションしたところ、埴谷さんもこれはおもしろいといってくれた。そこまではいいのだけれど、いざ実行するとなると、なかなか大変で、まずは、その機械を使わせてもらわなければならない。なにしろ、さっきもいったように日本に二台しかなく、その一台が大学病院にあることがわかった。早速連絡してみると、まだ実験段階なので遊びでは使えないと断られた。もう一台を持っている某大学病院も、最初はやはり断られたのですが、病院の開業時間の後ならば、やってみましょうということになった。夜の九時か十時か、病院の通用門から、埴谷さん、編集長、ぼくの三人で入っていった。

――埴谷さんは、けっこうおもしろがったのではないですか。

そう。編集長が例のパンフレットのコピーを見せたら、これ、絶対おもしろいと、隅から隅まで読んでいらしたと聞いた。最近知ったのですが、南相馬に「埴谷・島尾記念文学資料館」という、埴谷さんと島尾敏雄さんの二人の資料館があって、そこにそのとき撮影した埴谷さんの脳の写真が、大きなパネルになって展示されているらしい。

ともあれ、われわれ三人、意気揚々と病院の裏道から入って行った。埴谷さんは、単衣《ひとえ》の着流しに下駄を履いて、手には小さな風呂敷包みをもっている。編集長と二人で「埴谷さん、それ何ですか」と訊いたら、グロンサンのアンプルが一ダース入っているというんですよ。そんなに飲んで大丈夫かと心配したけど、埴谷さんも緊張してたんですね。

埴谷さんを機械の部屋に送り出した後、ぼくら観客は小さなモニターの置いてある別室に入って、ブラウン管で見る。眼と鼻の間といった希望した画像のおよその位置決めをして、「じゃあ、これから行きます」といって、最初の画像が出るか出ないかのときに、「アッ！」と、二人同時に声が出た。二人とも同じことを考えたわけです。腫瘍か何かが写ったらどうしようか、と。

担当の先生が、位置を変えながら「このあたりでどうですか」といってきたので、二人とも、「先生！　何か悪いものが写っていませんか」「何いっているんですか。何も写っていませんよ」――。そんなドラマがあって、あの作品はできたわけです。

――反響は？

続けざまに新聞で取り上げられた。定価千五百円と、当時としては高価でしたが、初刷り二千五百部で、確か三カ月で七千五百部までいったんだと思います。造本も贅沢で、布装、函入り、見返しにも同じ脳の写真が印刷されている。色数は抑えて、たしかグレーと墨の二色印刷だったと思います。

――編集長にアジられて、見事答えを出したわけですね。

この『光速者』は、ぼくの装幀者人生の最初のメルクマールになったことは間違いない。これ以降、仕事の量、依頼してくる版元の数が飛躍的に増えましたから。これが出たのが七九年の九月で、その翌月、もうひとつぼくにとって象徴的な仕事になったのが、古山高麗雄さんの『隠し事だらけ』（図11）です。ここに使われているバンドエイド（絆創膏）の図像は、山本容子さんの版画です。そのころぼくは、文学作品の装幀に油絵のマチエールがそぐわないような気がしていたんです。社会的にも直接的な表現で、表現すること自体を問うような画家には不向きです。どうも、最近は直接的なものに対して人の気持ちが動かなくなってきているのではないかという思いがあった。それに対して、版画は間接的な表現、直接的な表現をいったん版に移し替える。つまり、自分を一回隠すわけです。言葉を換えれば、ある種の自己批評的な表現といってもいい。

そんなことを思っていたものだから、油絵ではなく、装幀に版画を使っていこうと考えていた。そういうときに出会った版画家が……

——山本容子さん。

古山高麗雄さんの装幀には、絵を使ってほしいというリクエストがあったので、テキストを読みどんな絵がいいかをあれこれ考えていた。ところが、これといったいい図像が見つからない。たまたま六本木を歩いていたら、小さなギャラリーで版画のグループ展をやっていた。なんの気なしに覗いてみると、女性の七人くらいのグループ展で、中に、バンドエイドを描いた小さなエッチングがあって、これはおもしろいな、と。絆創膏をモチーフにするというのが、なんとも新鮮。それに、『隠し事だらけ』は奥さんへの隠し事を意味していたのではなかったか。その秘密を絆創膏で隠すというのはぴったりくる。

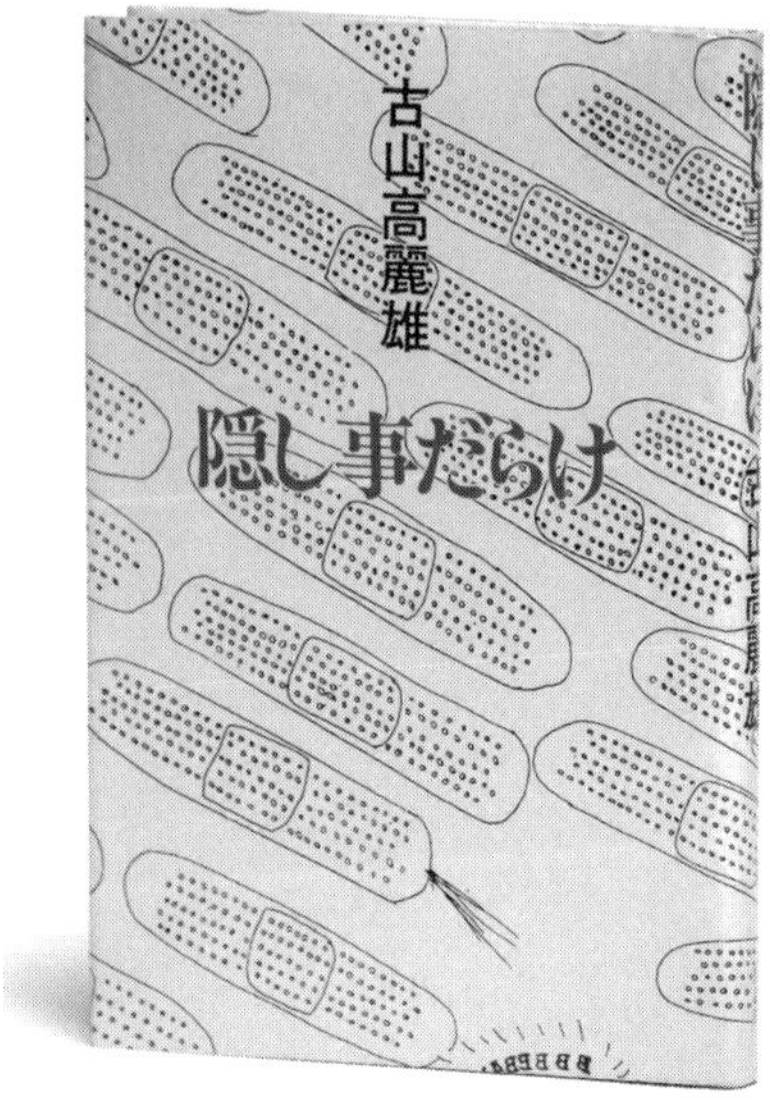

図11　古山高麗雄『隠し事だらけ』

早速、描いた本人に連絡電話してみたら、他にもバンドエイドを描いた大きい絵があるというんですね。ところが、山本容子さんもまだ京都の美大を出たばかりで――あとでわかったけど、その一年前の七八年に、日本現代版画大賞展西武賞を受賞していたんですね――、といって、作品を見もしないで装画に使うから送ってくれともいえない。で、なんとなく勢いで、じゃあ、京都まで見に行くといってしまった。

向こうもびっくりしたみたいだけど、ともかく、新幹線で京都まで行った。当然、改札を出て駅の喫茶店か何かで会えばよかったんだけど、なんだか切羽詰まっていて、時間もなかったし金もなかったので、改札を出ずに、彼女がもってきたバンドエイドの作品を改札口の向こうから広げて見せてもらった。見た瞬間、これは使えるなと思った。これ貸してくださいといって、名刺か何か渡したのかな。向こうも呆気にとられたような感じで、自宅の住所と電話番号を書いてくれて、改札口越しに絵を受け取って、そのまま東京に帰ってきた。そんなだから、ギャランティーの話などもしてないし、彼女もそれがどのように使われるかわからないまま預けてくれた。いま考えるとなんとも無茶苦茶ですけど、それが彼女との仕事のスタートだったわけです。家から乗ってきたという自転車が構内の入り口に半分だけ見えていたのが忘れられない。

――その当時、菊地さんは時間さえあればあちこちの画廊に顔を出していたという噂はよく聞きました。

最初の事務所は八丁堀からスタートしたので、自転車に乗って、銀座、青山あたりまでよく出かけていた。特に、版画を扱うギャラリーはお馴染みさんでしたね。

ポップアートの発想で仕立てた『鳳仙花』と『槿』

――いま、油絵と版画の話が出ましたが、この時期の菊地さんの代表作でもある、中上健次さんの『鳳仙花』(一九八〇年一月、作品社)(口絵4)と古井由吉さんの『槿《あさがお》』(一九八三年六月、福武書店)(口絵5)は、それぞれ伊藤若冲、狩野山楽・山雪という、日本画を用いていています。

偶然だとは思いますが、中上さんの『鳳仙花』と古井さんの『槿』は、当時における、それぞれの文学の完成形なんですね。『鳳仙花』でいえば、これは東京新聞、西日本新聞、北海道新聞の三紙連合による、中上さんの初の新聞連載小説です。非常に安定した作品で、これによって読者も広がった。『十九歳の地図』以降のひとつの完成作だと思う。古井さんの『槿』もそうですね。それまでさまざまに実験的な試みをしてきた古井さんのある到達点を示している。ぼくは、そういうひとつの極まりみたいなものを象徴的に演出したかったんです。

まず、『鳳仙花』についていえば、当時の中上さんは、すでに芥川賞も取っていて、その実力も高く評価されていた。ただ、その評価はまだ純文学のコアな読者に止まっていたわけですね。『鳳仙花』は自分の母親をモチーフにしたもので、このテーマなら、読者層を広げるチャンスでもあった。そこで考えたのは、この中上健次の作品は現代文学を代表するものであるというアイコンとして、函入り布装にしよう、と。それまでの本はすべてカバー装でしたから。

また、それまでの純文学の装幀には、「純文学らしさ」を象徴するようなアーティストの作品が使われていた。ところが、そのころはすでに文芸書が売れない時代に入っていたわけです。よく編集者の「芥川賞とっても売れないんだよ」という話を耳にした。だから、それまであった純文学らしさみたいなものにこだわらなくてもいいのではないか。つまり、象徴的なものじゃなくてもいいんじゃないか、「『鳳仙花』というタイトルなら鳳仙花の絵でいいじゃないか。『槿』だったら槿の絵でいいじゃないか」と。これは、ポップアートの発想です。つまり、ウォーホルがイメージではなく、三十二個のキャンベルの缶をただ並べてしまうのと同じ感覚ですね。「中上健次の鳳仙花のイメージはこうです」、「古井由吉の槿のイメージはこうです」と批評的にイメージを繰り出すのではなく、鳳仙花なら鳳仙花、槿なら槿そのものを出せばいい、と。

とはいっても、同じ鳳仙花の絵でもいろいろあるけれど、やはり角度のある絵でなければダメなんですよ。それが若冲だった。当時はまだ若冲がいまほどメジャーじゃなく、日本画家のなかでは異端とされていた。そういう知識をもっている人が見れば、若冲の鳳仙花を用いることによってある角度を感じてもらえる。若冲を知らない人には、これまでの日本画にはない、花も虫食いの葉も同時に描かれていて驚きをもたらす。つまり、一方で純文学の伝統的なアイコンを使いながら、もう一方でそれまでの純文学の本とは違ったイメージを押し出していくという、非常に重層的なしつらえになっている。

――題字は楷書が使われています。

その当時、楷書は名刺ぐらいでしか目にすることがなかった。それをタイポグラフィーとして文芸書のタイトルに持ち込んだのも、新鮮にとらえられたと思いますよ。字間もあけた堂々たるモトヤの楷書体。ぼくのイメージでは、楷書というのは紙に墨をたっぷり含んだ筆がこしらえた書体なんです。中上さんの文体にも、紀州の湿気の多い、たっぷり墨を含んだ筆で紙の上にどんどん染みていくような風土、そういう印象があって、楷書はぴったりなんです。

――一方「槿」の字は？

これは宋朝体といって、中国の宋代の書風です。『鳳仙花』の楷書が紙と筆だとすると、宋朝体は、金属や石を鑿《のみ》で刻んだ文字が起源の書体です。古井さんの書く字は、独特の癖があって、それこそ原稿用紙の上に一字一字刻むように書いていく。対する中上さんは、よく知られているように集計用紙に細かな字でびっしり書き込んでいく。

それは二人の対照的な文体にもあらわれている。

そして『槿』には、最初と最後に白い蘂《しべ》の青い朝顔の記憶が置かれている。いってみればその印象でつくられた物語といってもいいくらいに象徴的なモチーフなんです。『鳳仙花』は若冲でしたけど、こちらは狩野山楽・山雪親子の画。京都・天球院の障壁画（「籬に朝顔図」）です。

ぼくはチャンスを得て、文芸書というジャンルの装幀をはじめたわけですが、この二つの作品を手がけることで、ようやく自分の意識が雑誌のデザインから本のデザインへ変わったんです。つまり、雑誌のデザインは、主題をどんどん外へ、読者へと広げていく遠心力が必要なデザインです。ところが、本の装幀は、逆に内へ内へと読者の意識を向かわせていく、球心的なデザインです。


——作品社は文芸誌『作品』を創刊するものの、七号まで出したところでやむなく休刊。その後、スタッフは作品社から福武書店に籍を移して、新たに『海燕』という文芸誌を立ち上げました。

そう。『作品』は七号で休刊になりましたが、そこに吉本隆明さんが「文芸時評」を連載していたわけですね。そうしたら吉本さんが、雑誌は休刊になってしまったけれど、定期購読者のためにも時評というからには、自分はとにかく一年間は続けるということをいっているという。それを聞いて若い編集者とガリ版で原稿を起こし、刷ったものをコピーして製本をする。それを装幀して、定期購読者の人たちに送るということになって、すべて手作業でつくった（図12）。

これは作品集にも展覧会にも出してないけれども、まぎれもなくぼくの装幀作品の一つなんです。出来上がったものを見て、吉本さんもすごく喜んでくれました。

「作品」特別号の発行に寄せて

先般、一九八〇年十一月号で創刊した雑誌「作品」は五月号をもって休刊致しました

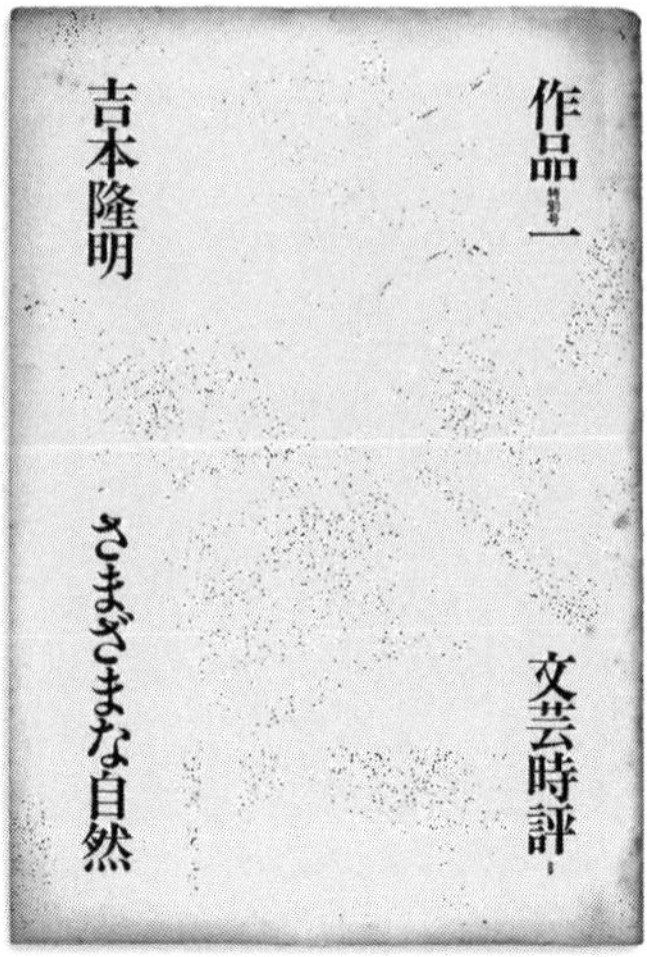

が、愛読者の皆様方の御期待にそえなかったことを改めてお詫び申し上げます。
つきましては、「作品」には一年という執筆期限で、五氏の連載が進行中でしたが、そのうち、小島信夫、古井由吉氏の連載小説、三浦哲郎氏の短篇読切連載、中村光夫氏の連載評論は、今後、書下ろしの形で随時御執筆頂き、近い将来、小社から刊行して下さるようお願い致しましたが、吉本隆明氏の連載は月旦による時評形式であるにも拘らず、

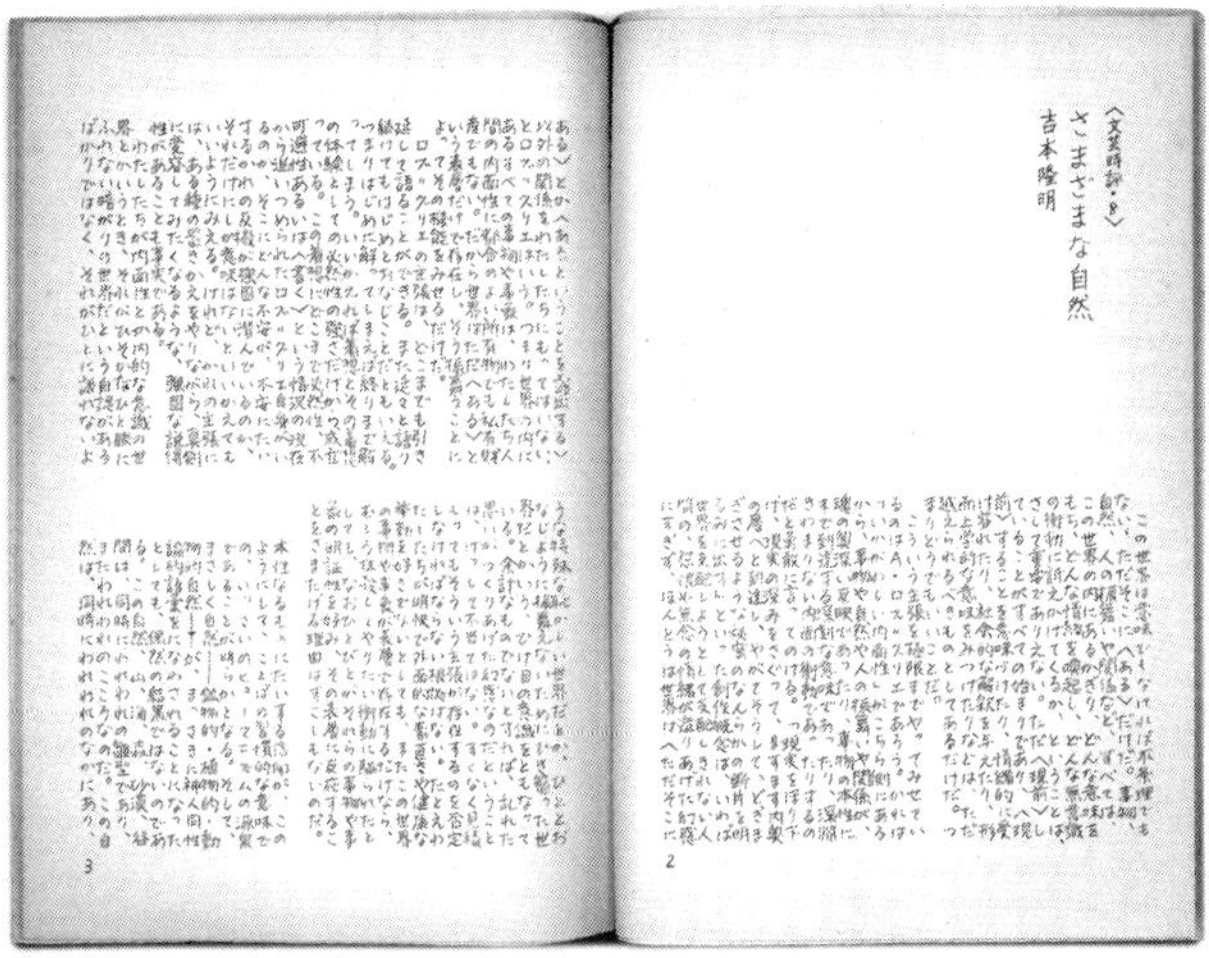
〈文芸時評・8〉
さまざまな自然
吉本隆明

図12　吉本隆明「文芸時評」（ガリ版刷り）　提供：佐藤聖氏

氏の絶大なる御厚意と、年間に発表される現代小説の全体像を検討したいという御意欲によって、毎月の御執筆を約束されました。これも書下ろし部分を加えて、小社より刊行させて頂く予定ですが、月旦時評という形式の性質上、ここで何らかの形で毎月発表させて頂くことを考えるということで、予約購読者の方々、報道機関の方々に頒布するという趣旨で、この小冊子の発行を実施致しました。何卒、御精読の程お願い申し上げます。尚、通常はなされる筈の著者校正が行われていないことを申しそえます。

――それが後に『空虚としての主題』（一九八二年四月、福武書店）として単行本になったわけですね。

四　詩集の装幀、あるいは『私という現象』と『蒼い時』の不思議な関係

一九八三年一月、東京の八重洲ブックセンターにおいて〈平台／『菊地信義の本』展〉が開催された。菊地さんが八重洲ブックセンターの二階の喫茶室から、平台に並んだ新刊本を選ぶ読者の行動を観察し、ある種のマーケティングを行っていたことはよく知られている。その意味でも、この展示会は象徴的だ。いまでこそ珍しくはないが、当時、一人の装幀家が、自分の装幀した作品を集めて展示するというのはほとんどなかった。「菊地信義の本」という文言に対して、「本は著者のものであり、出版社のものである、それをあたかも自分のもののようにいうのは怪しからん」と眉をひそめる編集者もいた。それでも、この時期以降、菊地さんの装幀が平台に占める割合は急速に増えていき、展示会も各地で開かれていく。主なものを挙げると、

『菊地信義の本』展――素材・図像・色彩・文字（一九八五年一月、東京・INAX

ギャラリー2）
『本の明日へ』展――装幀　菊地信義の世界（一九八六年一月、船橋・西武美術館）
菊地信義の『装幀の本』展（一九八七年一月、岐阜・自由書房ギャラリー）
『菊地信義　装幀の本』棚展（一九九〇年一月、銀座・グラフィック・ギャラリー・ggg）
牛窓国際芸術祭　特別企画「菊地信義　装幀の現在」展（一九九〇年一月）

詩集――贅沢なお稽古

――このように「菊地本」は全国の書店に流布していくわけですが、こうした平台を飾る本をプレタポルテとすれば、オートクチュールのような位置づけになるのが、詩の本ですね。

文芸書と違って、詩の本は、できうる限り本の物質性に重点を置いて考えていったわけですね。小説は、タイポグラフィーや図像の処理を中心にした仕事が多かったのだけれど、一方で触感とか質感という本の手触りみたいなもの、それから本の形状、これもたいへん興味のあることでした。とはいえ、定価の問題があるから部数の多い本でそういう造本を実現することはなかなかできない。その点幸せなことに、書肆山田はそういう本造りにとても理解のある版元で、大いに自分のなかで形を追求できた。これは恵まれたことだと思いますね。

たとえば、入沢康夫さんの『夢の佐比』（一九八九年十一月、書肆山田）（口絵6）は、テキストを形でとらえたらどうなるかと考え読んでいくうちに、この本編と異稿群から成るテキストは、それぞれ一冊の本にして、読者が気になる詩のページを並べて読めたらと気づいて、二冊を一冊にする造本を考えた。

ふつう、詩集の装幀を依頼されるときに、判型はA5で総ページ数が何ページくらい、カバー装で、印刷の色数はこのくらいで、という大枠が示されるわけです。ぼくはその当時から、その提示された大枠の中でのコストパフォーマンスを自分で考えて、それを逆提示するという方法を採っていた。つまり、カバー装で四色という枠の代わりに、カバーをなしにして函にできないか、と。そして、函にした場合、機械箱なのか貼り函なのか、函の色数は何色なら可能なのか——といった具合に、提示された予算内で可能なようなイメージをこちらから出して、もう一度資材設計、コスト設計をやり直してもらう。その結果、函にするなら印刷なしで箔押しが一箇所なら大丈夫だとかの答えが返ってくる。というのも、詩集は部数が少ないから、へたにオフセットを使うと製版代が馬鹿にならない。箔押しだったら版代と押す回数だけで済むから、箔のほうが安い。そういう世界なんです。そういうコスト感覚を書肆山田と付き合うことで学ぶことができた。

で、完成した『夢の佐比』の造本は、二冊の上製本のうち、一冊の裏表紙ともう一冊の表表紙（実物は二つ折りできる一枚の表紙）がつながっている姿。函から出して開くと、本の見開きを横に二面並べた空間。右の見開きの左に四十三ページの本編、左の見開きの左に四十二ページの異稿群の一冊が固定されている。読者は二冊のどのページでも対照できる。

ぼくの装幀本をコレクションしている人が求めるのが、この『夢の佐比』で、もうひとつが桐山襲の『未葬の時』（一九九四年六月、作品社）（図13）。

――本文の地が墨ベタで文字が白抜き。四百字詰め原稿用紙でわずか四十枚ほどの作品を、四六上製本に仕立て上げています。

そうそう。本文見開きの左右の小口にすべて異なるブラームスの楽譜。白抜きからグラデーションで地の黒色に溶かし込んでいく。あれが、やはり古本に出てこない。著者の遺作で、本文は一ページ二百字の設計だった。

もう一つ、鈴木順三郎さんの『切株の優しい人語、神様の舌はみどり』（一九九一年三月、紅丸通信社・書肆山田）（口絵7）でいえば、タイトルにある「舌」は重要。舌は身体の内なる手。この表紙のザラザラした感触は味覚だけでなく、舌触りといった触覚を想起させる。そして、断ち切ったようなむき出しの本の背を見せているのは「切株」、詩作品の年輪のイメージです。この一行のタイトルも、形と交信する。

図13　桐山襲『未葬の時』

——第二作品集の冒頭に置かれている河野道代さんの『spira mirabilis』（一九九三年八月）も、かなり凝った装幀です。

私家版の函は書肆山田の編集者が手作りしたもので、限定二十五部です。苦労したのは函紙捜し。ぼくのイメージとしては、この詩集は鞠玉《まりだま》みたいな質感の函に入れたくて、見合う素材を探しに探した。たどり着いたのが、張り子の人形を作る原紙。張り子紙といった。人形の木型の上に水に浸したこの紙を貼り付けて、乾かすと人形の形ができるのを見つけたときは、まさに「我発見せり《エウレカ》」という心境でしたよ。

——詩集をはじめて手がけたのは？

吉増剛造さんの詩集（全五冊、一九七七年十月〜七八年二月、河出書房新社）（図14）と思潮社の「新鋭詩人シリーズ」（全十冊、一九七七年十二月〜八〇年九月、思潮社）（図15）が最初ですね。吉増さんのは、これまでの五冊の詩集の新装版で、もとの詩集の装画家、写真家を新装版でも再起用したわけです。つまり、一巻目の『出発』は吉増さん

図14　吉増剛造詩集（全5冊）

自身の写真、『黄金詩篇』は赤瀬川原平さんのペン画、『頭脳の塔』は若林奮《いさむ》さんのドローイング、『王國』は高梨豊さんの写真、最後の『わが悪魔祓い』は加納光於さんのドローイングというように、ぼくが提案したのは、元本の図像を担当した一人ひとりの画家や写真家を訪ねて、その人の現在を示すような作品を選ぶということでした。たとえば高梨さんだったら、「『王國』をこういう形でリニューアルするのだけれども、改めて写真を選ばせてください」といって、選ばせてもらったんです。そこで、

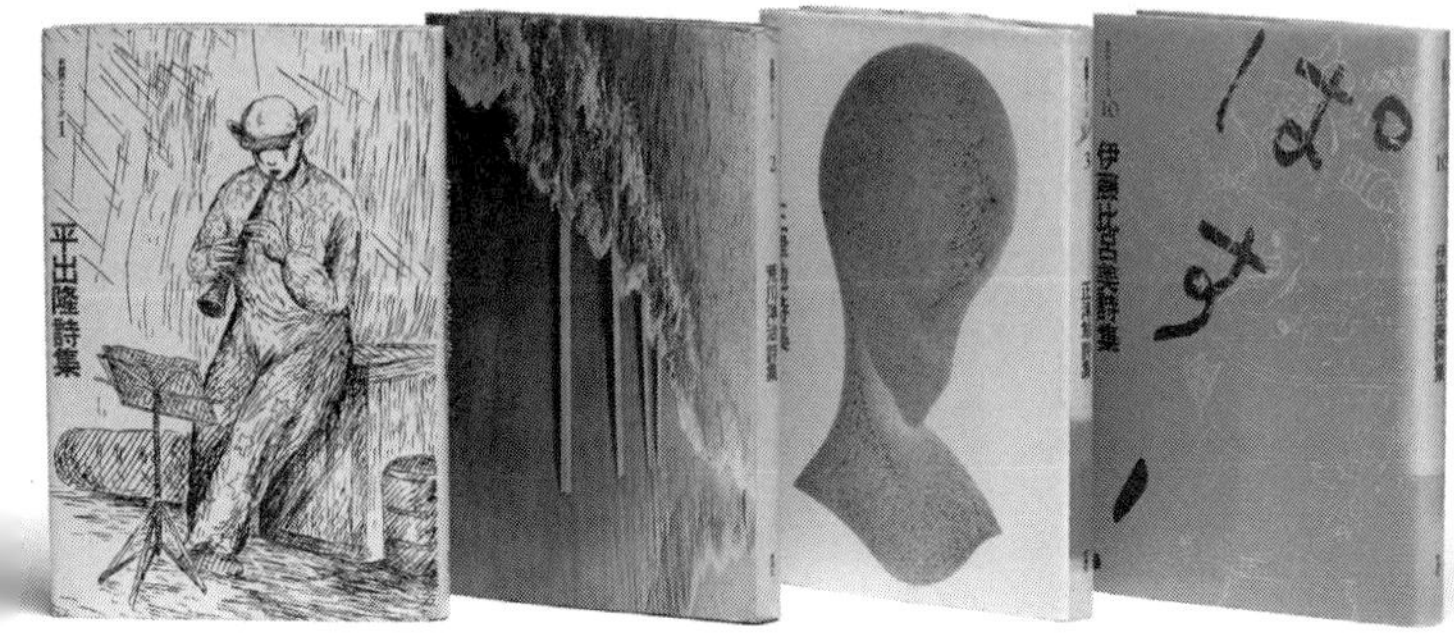

図15　思潮社「新鋭詩人シリーズ」

吉増さんの印象や詩の感想を伺いながら、手探りで創り上げていった。なんとも贅沢なお稽古をさせてもらった感じです。

余談ですが、その新装版で塩ビ（塩化ビニール）のケースを付けたのですが、一般書で使ったのはこれがはじめてだった。ところが、これと一緒に梱包すると他の本に傷が付くというので、流通上の問題となったらしく、以降、塩ビのケースを使ってはいけないということになったようです。

――この時期の詩集の装幀で話

題になったのは、谷川俊太郎さんの『コカコーラ・レッスン』（一九八〇年十月、思潮社）（口絵8）です。

谷川さんのラディカルというか、鋭角的詩集です。それで、「俺のこういうのをやってみないか」という感じで、ぼくを煽ったようなところもあったような気がする。この「コカコーラ・レッスン」という詩を読めばわかるけれど、突堤の先端に腰かけている少年の頭の中に、突然〈ぼく〉と〈海〉という言葉が大きく膨らんでいって、コカコーラのカンの栓を抜こうとした瞬間に、いなごの大群のような無数の言葉が襲いかかってくる。つまり、ごく当たり前だと思っていた言葉が意味をなさなくなってしまう恐怖みたいなものが、この詩の主題なんですよ。

いまでこそ、写真を使う装幀なんていっぱいあるけれども、詩集でこんなリアルな写真をあしらったものはやっぱりなかったと思う。これは、さっきの『槿』と『鳳仙花』と同じやり口で、実際にコカコーラを主役にしているんだから、コカコーラの缶でいいじゃないか、と。でも、そこはやはり詩と散文の違うところで、コカコーラを置いてはダメなんです。そこで、ぼくが駐車場に落ちていたつぶれた空き缶を撮ったカラーの写真をモノクロにして使った。ひとつのモノが解体して意味が変容してしまう象徴としてはとてもいい、と。で、このタイトルと著者名を同じメタリックの赤箔にしている。まあ、コカコーラだから赤。普通の詩集には使えない能天気な色だけれど、表紙の赤い色紙はあえて裏面を表として使うことで函のメタリックの赤箔と質感を強調した。この狭間に「コカコーラ・レッスン」はある、と。

トレペーに箔押しを可能にしたのは？

——詩集とはまた別に、人文書の系列もこの時期の大きな仕事だと思います。たとえば、三浦雅士さんの『私という現象』（一九八一年一月、冬樹社）(図16)。三浦さんとは、以前からお付き合いがあったのですか。

最初に会ったのは『花笑』の時代です。粟津則雄さんの誕生日に粟津さんの周りにいた編集者たちが粟津邸に集まってお祝いする会があったんです。『花笑』に連載をお願いしていた関係で、ぼくも参加させてもらった。そこに三浦さんもいらした。当時彼は、たしか『現代思想』の編集長で、文字通りの談論風発といった感じで、集まりをリードしていた。そんな三浦さんを、ぼくなんか、隅っこで知り合いの編集者と仰ぎ見るように見ていました。

――その後、三浦さんは青土社を辞めて評論家になる。『私という現象』は、評論家としてのデビュー作ですね。

まずトレーシングペーパーをカバーに使ったのは、奇を衒《てら》ってのことではなく、テキストを形にしているだけなんですよ。この本の内容を端折っていえば、「私」という実態が最初から存在しているのではなく、関係性においてはじめて「私」が生まれるということ

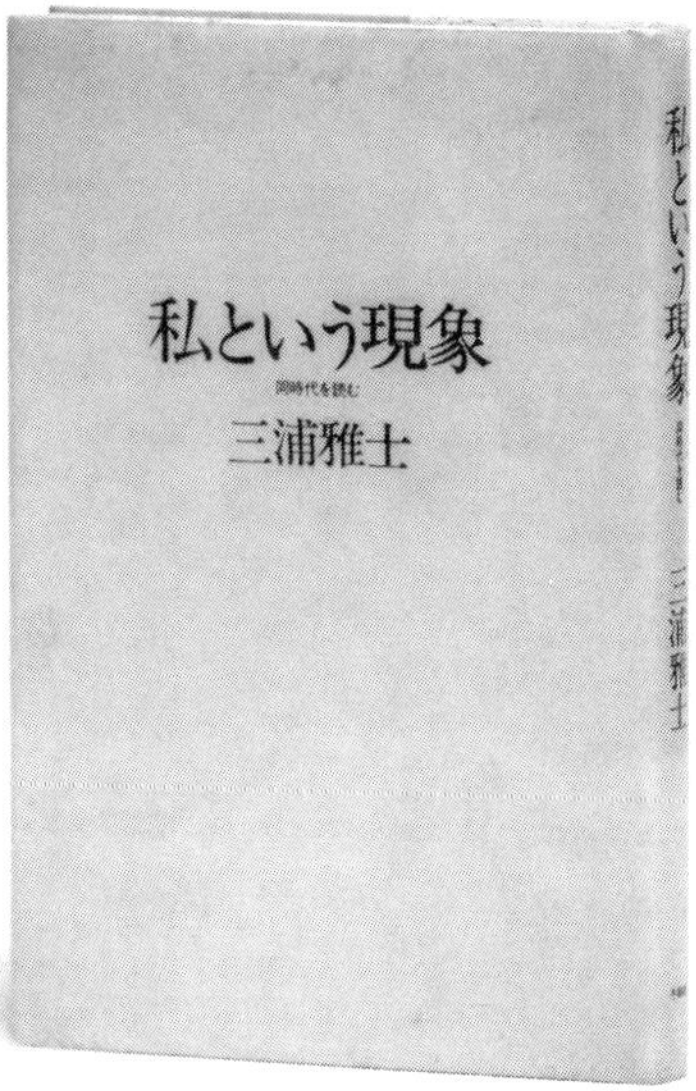

図16　三浦雅士『私という現象』

です。それに倣えば、本というのは、手にもたれてはじめて存在するわけで、だったら、手にもたれてはじめて出現する装幀ができないか、という発想なんです。つまり、『コカコーラ・レッスン』ならコカコーラの缶をもってくればいい、『槿』なら槿、『鳳仙花』なら鳳仙花の絵をもってくればいいというのと同じなんです。

それを具体的に形にするにはどうしたらいいかと考え気づいたのが、本を手にもつとカバーが表紙に押さえつけられるということ。普通、カバーは表紙から二ミリくらい浮き上がっている。それを押さえつけると何かが見えたらおもしろいだろう、と。といって、その見えた何かに意味があってはいけない。で、ここにあるよごれのような図をつくった。

——トレペーに印刷するのではなく、表紙に印刷したよごれが、カバーのトレペーを押さえたときに下から透けて見えてくる。

そう。押さえることではじめて関係ができるという、装幀表現によるテキストの読解です。

――カバーのタイトルと著者名は箔押しですね。これも珍しい。

トレペーに印刷はできるのだけれど、インクを吸わないし乗らない。弱々しくて文字に力がない。で、箔だと思ったけど、トレペーに箔押しするといったら、嫌がられた。トレペーに箔を押す経験がないと、まず引き受けてくれない。よほど特殊な少部数の特装本ならあったろうけれど、少なくとも一般書ではなかった。版元の冬樹社は、印刷をすべて凸版印刷でやっていたんですね。で、この『私という現象』が出たのが八一年の一月で、その四カ月前に山口百恵さんの『蒼い時』（一九八〇年九月、集英社）が出ている。これも印刷所は凸版印刷だった。『蒼い時』は大変なベストセラーになって、凸版のオフの四色機はフル稼働でそれに対応したわけです。で、「あの『蒼い時』の装幀をやった菊地の仕事ならやってやろうじゃないか」ということで、凸版は引き受けてくれたと、後で編集者から耳にした。

トレペーの箔押しは『蒼い時』のおかげでできたんです。トレペーの下にフェルトを敷いて、熱の加減を見ながら一枚一枚丁寧に箔を押すという面倒な作業、ふつうはとてもやってくれない。世の中の関係そのものがこの装幀を生み出したわけです。なんとも不思議ですよね。

山口百恵の「蒼」へのこだわり

――『蒼い時』（口絵9）は装幀が話題になったことでも知られていますが、そもそもどういう経緯で装幀をすることになったのですか。

きっかけは津島佑子さんの本なんです。山口百恵さんと会った折りに、「なんで俺だったの？」と聞いたんです。そしたら「菊地さんの名前を知っている」って。「なんで知っているの？」「わたしね、好きな本があるの」と。それが津島佑子さんの『氷原』（一九七九年七月、作品社）（図17）だったんです。

彼女が地方へ公演に行ったりすると、夜の九時ころに公演が終わって、そのあといろいろと付き合いがあって、宿に着くのは夜中の十二時で、翌朝は六時に起きて次の場所へ移動しなければならない。ところが、宿に帰っても興奮していてすぐには寝付けない。そんなときにこの津島さんの文章を読むと少し頭が鎮まる。それで、ようやく明け方の一、二時間ウトウトできるんだそうなんです。

その本の目次の裏に、「装幀・菊地信義」と書いてある。それで名前がインプットされたわけです。ただ名前だけ見て、実際に会うまではすごいお爺さんだと思っていたそうですけどね。それで、自分が本を書くことになって、あの本をプロデュースした人（残間里江子）に、「装幀を誰かに頼まなければいけないんだけど、誰かいい人いる？」と訊かれた。そこでおずおずと『氷原』を見せたということなんですね。

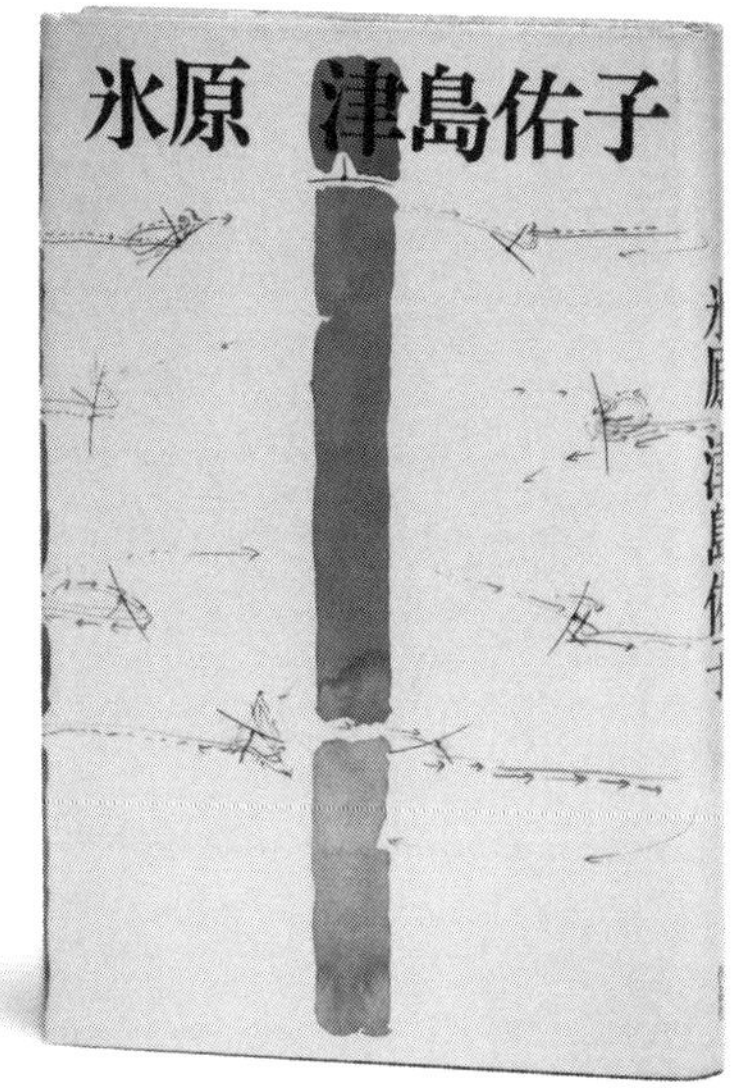

図17　津島佑子『氷原』

それからプロデューサーと山口百恵さんから家に電話があったんです。最初のときは家にいなくて、女房が、「山口さんという人から電話よ」というから、「どこの出版社だ？」と訊いても、出版社の名前をいわなかったというんです。

で、「装幀者の女房なんだから出版社の名前くらいちゃんと聞いとけ」って怒ったのね。次の日また電話があって、女房が訊いても出版社名を「いわない」っていう。で、ぼくが出て、「あなた、どこの出版社なの？」「山口百恵と申します」「山口百恵……なんか聞いたことある名前だなあ」って（笑）。はじめはそんな感じでした。

で、「じつはわたし、歌手の山口百恵ですけれども、こんど引退するので本を書いているんです。つきましては、その本の装幀をしていただけないでしょうか？」って。そこまで聞いて、「ええ!?」ですよ。まさかあの山口百恵から電話がかかってくるとは思ってもみなかったし、なんで自分に頼んできたのかも全然わからない。とりあえず、「どの出版社から？」と訊いても、「いや、まだわたしもよくわからないんですけれども、プロデューサーの人がいますのでその人に替わっていいですか？」と、替わってもらって、ようやく事情が呑み込めたんですね。

それから一カ月ほど後に、「いまどのくらい書けているの？」とプロデューサーに聞いたら、「まだ本当にこれからなんだ」という。しかし、ぼくはテキストがなければ装幀ができないといって、「じゃあ十枚でも二十枚でもいいから、書けたところで一回会いましょう」ということになって、それからさらに一カ月半くらい経って、プロデューサーのマンションで本人と会うことになったんです。

――『蒼い時』の装幀で特筆すべきことは？

表紙に使った紙というのは、化粧品のパッケージなどのために開発された紙なんです。カジュアルなイメージを出したかったから使ったのだけれど、紙屋さんがびっくりした。だって、二百万部も売れる本の表紙に使われたわけですから。まあ、異例ですよね。

なぜこうした破格が通ったかといえば、集英社の明星編集部の編集者が担当で、単行本の経験がないから、資材設計をすべて任せてくれた。装幀もすべて任せるということになって、付き合いのあるカメラマンを起用して、あるヴィジョンを話したんです。畳屋さんが使う大きい針に、むかし女の子が遊んでいた〝リリアン〟という組紐、その七色か八色の太い糸で極彩色の房をつくる。それを日の出に向かって投げたところを特殊なストロボで撮影する。その極彩色の房で飛び去っていく極楽鳥を表現したかった。山口百恵を、太陽に向かって飛んでいく得体の知れない鳥の尾端としてイメージしたわけです。この撮影を行ったのが七月から八月で、事前にロケハンもして、浜名湖に面したホテルの屋上から日の出に向かって投げる予定だった。ところが、いざ本番というときに台風が来てしまった。とはいえ入稿が迫っているので、なにがあってもこの一、二週間のうちに撮影を敢行しなくてはならない。ところが台風の速度が遅くて、何日待っても日の出が撮れない。どこか他の場所といっても、条件に適うような場所はそう簡単に見つからない。もう関東・東海エリアでは無理だということになったところへ、「日本海側だったら一カ所ある」という情報が入った。そこで急遽、スタッフが糸魚川のなんとかというところへ飛ぶことになった。それを待っていたかのように台風が速度を上げて、そこでも撮れなかったから、仕方なくロケハンのときに撮っておいた写真を使うことになった。

——そのイメージというのは、やはりテキストから来たのですか。

三十枚くらいのテキストと、ひとつの時代を象徴する歌手の引退に社会がもつイメージを合わせて読んでつくった装幀です。まあ、なんとか締め切りに間に合って装幀ができたわけだけど、山口百恵さんから礼の手紙が来ました。その手紙が雑誌のグラビアに載ったり、本が出来上がってからも、普段にない騒ぎが続いた本でした。

こぼれ話をもうひとつ。『蒼い時』というタイトルだけれど、版元も「蒼」じゃなく「青」にしたかったんですね。ところが彼女は絶対譲らなかった。あの字が好きなんだって。眠れない夜、ホテルの窓から外を覗くと、漆黒の空がだんだんとあおみを帯びてくる。そのときの色が彼女にとっては「蒼」なので、これだけは譲れない、と。で、よく見ると、この「蒼い時」という赤い文字に、蒼いグラデーションが入っているんですよ。それは「蒼」にこだわる彼女への、ぼくのレスポンスなんですけどね。

ないないづくしで出来上がった『サラダ記念日』

――ベストセラーといえば、『蒼い時』もすごかったですが、俵万智さんの『サラダ記念日』（一九八五年五月、河出書房新社）（口絵10）も大変話題になりました。なにより、カバーに著者の顔写真が大きく載っていたのには驚かされました。

俵さんの写真を使ったのは、ぼくの提案です。

あの本以前に詩や短歌の専門ではない出版社が短歌を一般書として出すケースはほとんどなかったんですね。ぼくも短歌の本の装幀はしたことがない。ところが編集者が、「いままでの短歌の本の常識とか短歌の本のイメージをぶちこわしてください」とアジるわけです。まずは代表的な歌を何十首かと、著者の経歴と著者の紹介用の二枚の写真をもってきてくれたんです。一枚は、当時彼女が勤めていた学校の修学旅行のときの記念写真で、もう一枚が、例のカバーに使った写真。角川短歌賞の授賞式でプロのカメラマンが雑誌の口絵に撮ったものなんですね。その写真がおもしろかったので、ふと「本の装幀に著者の顔写真を使うのってあるかな」と思ったわけ。もちろん、実業家とか芸能人などの有名人の写真を使う装幀はあるけれど、まったく無名で誰も見たことがない著者で、しかも短歌の本に、顔写真が出ていたならば「なにこれ?」ってなるのではないか、と。

まだ一般にはほとんど知られてないわけだから、そこに写っているのが著者かどうかもわからない。おまけに『サラダ記念日』という変なタイトルだし、どうせならローマ字にしちゃおうと、ピンクのローマ字で「sarada kinenbi」と入れた。結果と

表現の傾きであり、カバーのミューズウェイブという素材だからこそ成り立つのであって、普通のコート紙ではできなかったでしょうね。

——この「定価＝2200円」というのは？

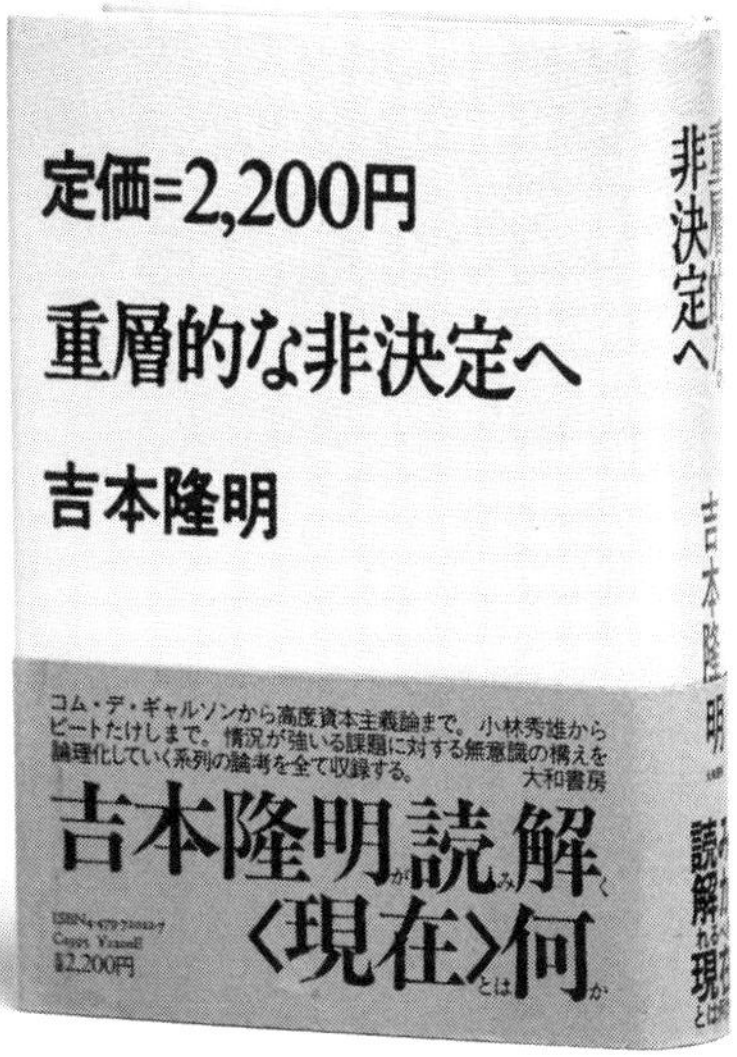

図20　吉本隆明『重層的な非決定へ』

ふつうだったら、カバーの表1にはタイトルと著者名、出版社名があって、表4に定価とバーコードがある。これらはどれも流通させるための記号であって、価値としてはどれも同じく重層的で、その意味では、どういう順番にするかは決定できない。

——重層的な非決定！

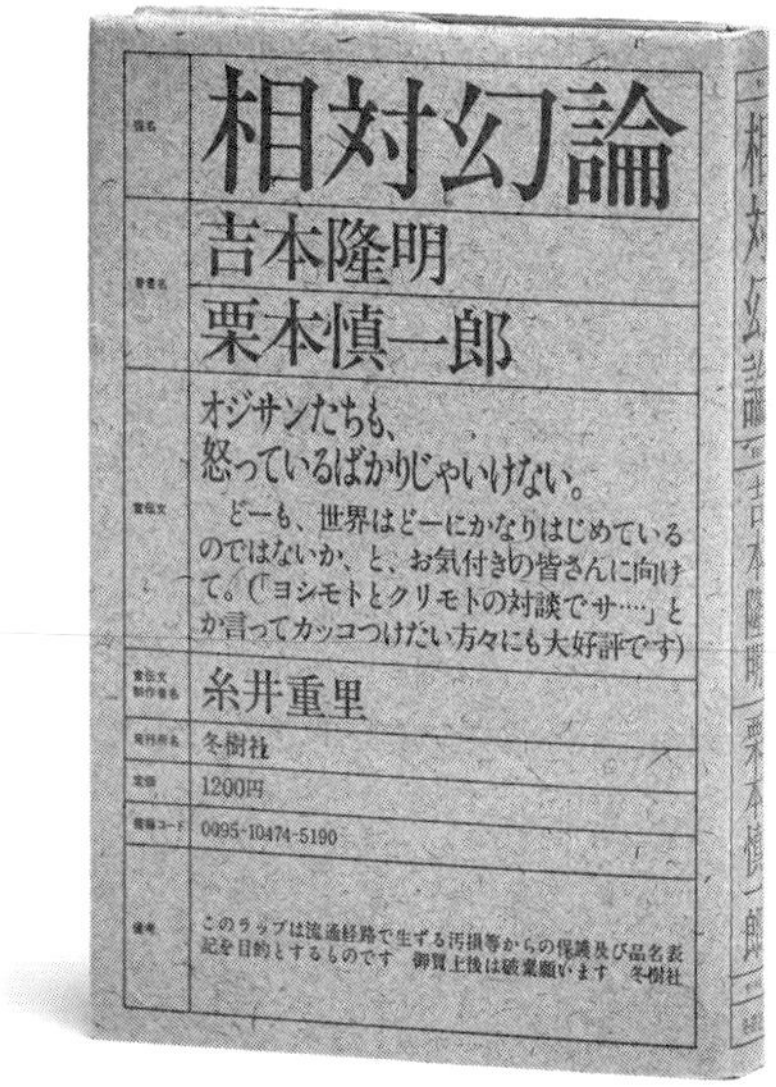

図21　吉本隆明・栗本慎一郎『相対幻論』

装幀の文字の要素の順番というのは、本来何も決められないのだから、定価がこのくらい大きくあったって何も問題がない。逆にいうと、いくら目立ったところで、これを書名だとは誰も思わない。つまり、本の表層がもつ常識を逆手にとったわけです。

――一方、吉本さんと栗本慎一郎さんの対談本『相対幻論』（一九八三年十月、冬樹社）（図21）もずいぶんと思い切った装幀ですね。

これも、あまりにも明快な企画依頼書が来たものだから、「これをそっくり装幀にしちゃえばいいんじゃない？」と。

──『マス・イメージ論』（一九八四年七月、福武書店）（図22）には、「吉本」という印鑑が捺されています。

生真面目な読者から、「これは吉本さんが自分の主著だというふうに認めて、吉本さんが一冊ずつハンコを捺したんですか？」という問い合わせが出版社にあったそうです（笑）。

──定価に、企画書に、印鑑。これは埴谷さんの『光速者』とはまた違った意味で、吉本隆明という器がつくらせる部分があるのでしょうね。

「装幀の役割は書物の流通の活性化以外の何物でもない」と、ぼく

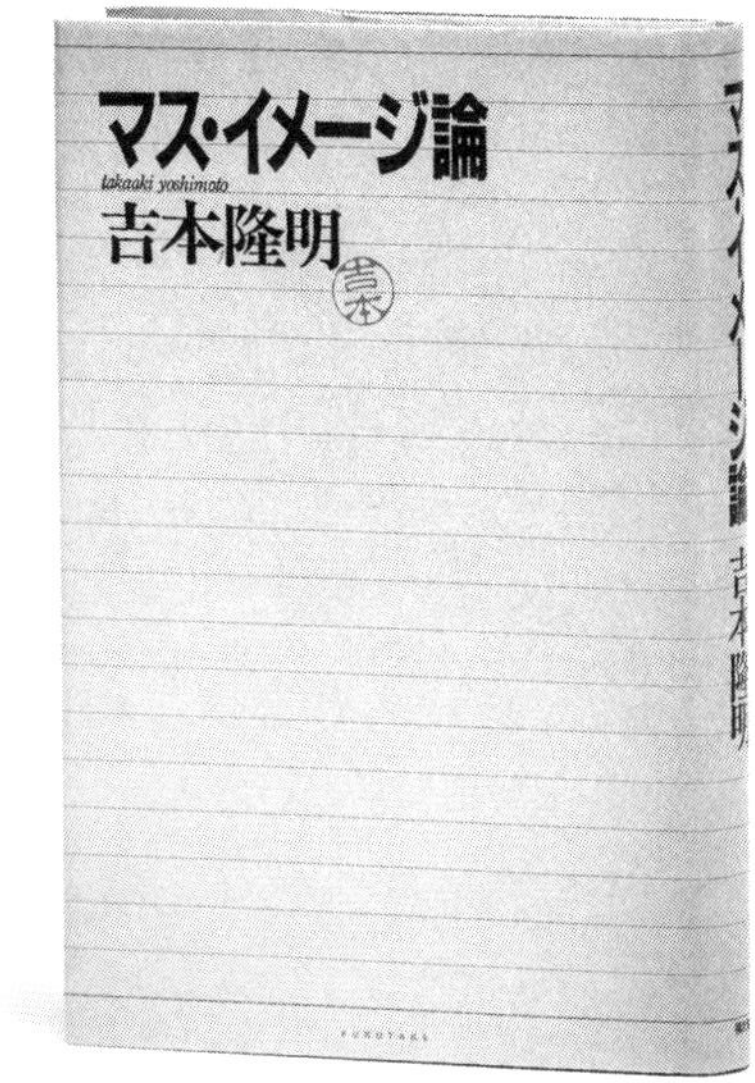

図22　吉本隆明『マス・イメージ論』

の装幀展でスピーチしてくれた吉本さん。吉本さんならわかってくれるはずだと、装幀プランを編集者に伝え、いろいろなことをやらせてもらった。

タイポグラフィーの幅を広げた斜体文字

カバーの文字に、人は斜めから出会うことがある。カバーに斜めに入った文字は斜めから見ればまっすぐに見え、平台の正面から見れば斜めになっている。書体がなんであれ、それだけで、見る人の角度によって、人の目を惹くことができるのではないかという「気づき」があったのです。……斜体は人と文字の角度を取り込む、つまり人の身体を文字表現に取り入れるということになります。

——菊地信義『新・装幀談義』（二〇〇八年三月、白水社）より

——「斜め文字」の最初が島田雅彦さんの『優しいサヨクのための嬉遊曲』（一九八三年八月、福武書店）（図23）ですね。

当時、「海燕」の編集長（寺田博）が、「菊地、このタイトル長いけど、装幀、大丈夫かなあ。なんとかなるかい？」っていうんですよ。もし、タイトルが長すぎてデザインが無理だったらタイトルを二行にしてもいい、みたいなことをいっていたのを覚えている。

で、「いや、なんとかなるでしょう。やってみます。おもしろいよ」といったのだけれど、問題は背なんです。

図23　島田雅彦『優しいサヨクのための嬉遊曲』

——菊地さんの装幀の流儀として、タイトルと著者名は帯に隠れないようにしなければいけない。

そう。そこで編集長が意地悪くいうんですよ。「帯があったら絶対無理だから、帯なしにするか。それか、著者名は帯に入れるからいいよ」って。ところが、担当の編集者は、「菊地さん、帯なしは絶対ダメだよ。新人なんだから、帯に何か書かなきゃ」という。要するに、この長いタイトルと著者名を帯の上に収めて、帯の背にもキャッチコピーを入れなくてはいけない。で、なんとかできないかとあれこれ考えているうちに、ふと気がついた。タイトルを斜めにして、右側の空いたスペースに著者名を入れればいいんだ、と。

そして、カバーのタイトルも背と同じ斜体文字、右上がりの3で、それを横組みにした。こんな流れるような斜体の横組みなんて、ふつうなら形にならないから、いままで誰も考えていない。まあ、苦肉の策ではあったけれど、編集長と担当編集者の注文を意地で解決してみせたわけです。それに、テキストのある軽さというか、精神の複雑な有り様が、縦でもなければ横でもない、タイポグラフィーとしてひとつの形ができた。

——この斜体に行き着くまでは、相当いじくり回したのではないですか。

同じ斜体でも正斜体、右上がりの1、2、3の三段階——いまはパソコンでいくらでも角度を付けられるけど、そのころの写植には三段階しかなかったんですね——を全部印字して、あれやこれや切り貼りしてみた。その結果、タイトルだけでなく、「島田雅彦」という著者名も斜体になった――背の著者名は真っ直ぐですけどね。並の著者だったら、自分の名前だけはまっすぐにとクレームが来るけど、島田さんはOKをくれました。

ともあれ、このテキストに出会い、斜体と格闘できたおかげで、「斜め文字」を自分のものにできた。これを見て、おもしろいと思ったんでしょうね、以降、「斜体で」という注文がずいぶん増えました。島田さんをはじめ山田詠美さんとか、古井さんや中上さんの次の世代の純文学の作家たちの装幀に斜体がどんどん入っていくわけです。

――干刈あがたさんの『しずかにわたすこがねのゆびわ』(一九八六年一月、福武書店)(図24)などは、まさに斜体ならではですね。

縦にしても横にしても四六版のスペースに収まりきらないタイトルは、書体を変え行替えしたとしても、どこかで字余りになってしまう。そこを斜体が救ってくれた。結果的に、『優しいサヨクのための嬉遊曲』はぼくのタイポグラフィーの幅を広げて

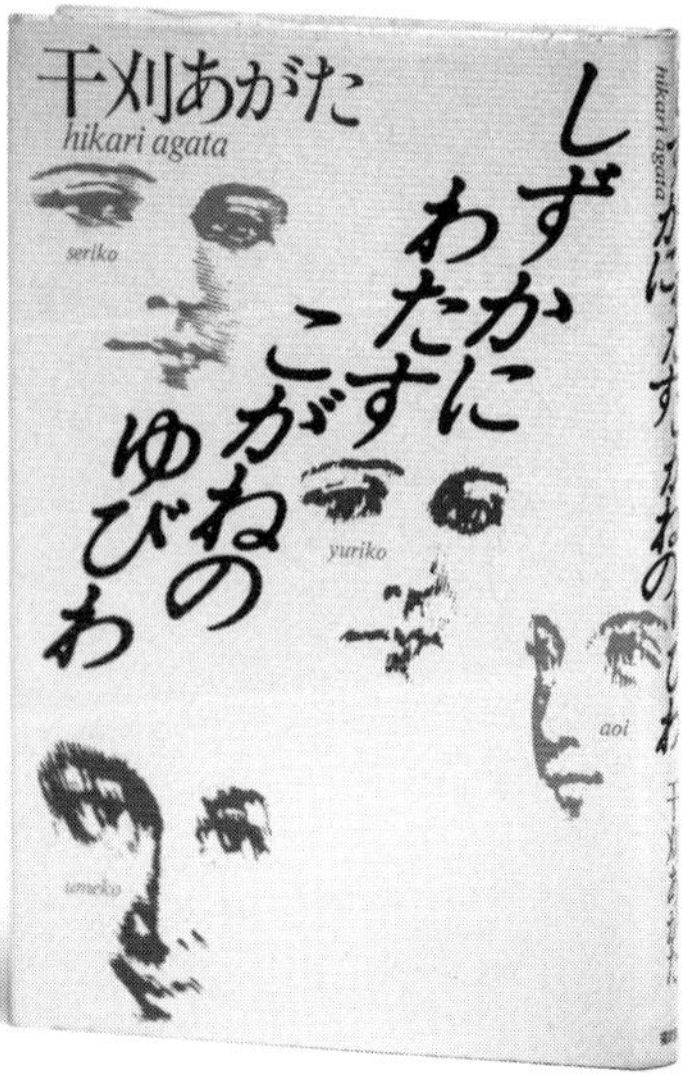

図24　干刈あがた『しずかにわたすこがねのゆびわ』

くれたわけです。もうひとつ、深沢軍治さんの油絵と出会えたのも斜体の文字を活かす、大きな力になった。

――この絵は油絵なんですね。

アートなんですが、いまのイラストレーションに近いものがある。画家自身が作家性自体を括弧付きにした、風通しの良さがあって、折り合いがとてもいい。この作品のイメージを探していたときに、偶然ギャラリーで出会った絵で、軍治さんの仕事は見つづけています。

五　紙の開発と文庫の装幀

触感があり、かつ印刷適性のあるファンシーペーパーの開発

――先に少し話が出ましたが、八〇年代というのは装幀に使われる紙の種類が一挙に広がったようなイメージがあります。

八〇年代ころまでは、装幀のカバーや表紙に使われるファンシーペーパーというジャンルの紙に、色紙であれ、エンボス紙であれ、風合いの良い紙があった。が、印刷方式は活版からオフセットに変わって、紙に求められる性質も変わってくる。版を押しつける活版のインクと、版で刷り付けるオフセットでは、インクの性質も異なる。風合いの良い、材質感のある紙が少なくなって、オフセット印刷に適した、表面が固く締まった紙が増えてくる。

――そうした過渡期において、菊地さん自身、紙の開発に関わるようになるわけですね。

ある日、事務所に「王子製紙の者ですが」といって、男の人二人がやって来たんです。で、「じつはご相談があります。こんな紙をつくりたいと思っているのだけれども、ご意見をお伺いしたい」と、なんだか汚らしい感じの紙を出してきた。よく見ると、なかなか興味をそそる紙で、「おもしろいじゃないですか。でも、このままじゃなくて、こういう角度で仕上げていけば、きっといい紙になると思いますよ」みたいなことをいったわけです。そうしたら、「じつは上司から、装幀の仕事を一番やっている人を見つけて相談に行けといわれて来たんです」というんです。それが最初の出会いです。

――そうして出来上がったのが？

カイゼル。たしか、その日から二年後です。王子製紙の現場の技術者たちと磨き上げてつくった紙で、これが売れた。しかも、大手メーカーがつくったファンシーペーパーの新製品ということで、他の製紙メーカーも同じような紙を抄造し始め、いっとき、「ゴミ戦争」といわれたことがありました。カイゼルという紙は、原材料のパルプ繊維にまぎれている木くずとか木の皮などを取り除き、本来はゴミとして捨てていたモノを細かく砕いて漉《す》き込んだものです。従来のファンシーペーパーは、そういうゴミを取り除くのが常識だったのですが、逆に、意識的にそういうものを入れたわけです。和紙の発想ですね。それが評判になったものだから、最盛期には二十種類くらい、混ぜ物入りの紙が市場に出た。

――『装幀談義』のなかでも、「素材感を生かすということは、戦略としても重要」だと書かれているように、菊地さんの装幀のなかで大きな要素になっています。

ぼくの場合、タイポグラフィーと触感、素材感でテキストを装幀しているわけです。たとえば竹田青嗣さんの『夢の外部』（一九八九年五月、河出書房新社）（図25）であれば、このカバーに使っているのはファサードという紙で、これもやはり混ぜ物の一種です。

このときに考えたのは、まず、「夢の外部」というタイトルだから、「外」というイメージをカバーにつくりたくて、黒い三角の外にあるタイポグラフィーにしようと。そして、そのタイポグラフィーを壁のように囲むイメージがある質感の紙を使おうと思った。実際に触るとわかりますが、この紙の表面はモコモコした感触なのですが、裏側はすべすべしている。これも、外部と内部みたいなものを前提にしているわけですね。といっても、内と外の単純な二元論ではなく、内と外が一体になって世界ができているような手触りを読む人に伝えたい。竹田青嗣さんの知の有り様と共鳴する装幀でありたい、と。

――当時、ファンシーペーパーに対して、何を一番求めていたのですか。

まず触感。手触り感がある紙が欲しい、と。ところがオフセット印刷が中心になってくる趨勢においては、矛盾する希望なんです。つまり、触感がある紙は、印刷に求められる効率、より速く、よりたくさん刷ることと対立する。より速く、よりたくさんという効率を求めれば、理想はもうコートに尽きてしまう。それでも、本の装幀は手触りが大事な表現だから、印刷効率が良く、印刷効果も良い、それでいて触感のある紙——これをつくりたい。そこからカイゼルの試行錯誤が始まった。混ぜ物が紙の表面に漉き込んであると、オフセット印刷は版を擦りつける際、混ぜ物をむしり取ってしまう。一ミリ以下の厚みの、いわば中ほどに異物を漉き入れるために、さまざまな工夫が成された。ぼくに判断を任されたひとつが、異物のサイズと量感です。紙色は十色ほど予定していましたが、色ごとに異物の量や、異物のサイズや色を変えないと、十色が同じ混ぜ物入りの紙という印象にならない。それにあくまで、印刷をするためのファンシーペーパーですから、デザインを邪魔してはいけない。デザインの効果を増す混ぜ物の見え方を求められたわけです。

図25　竹田青嗣『夢の外部』

　オフセット印刷の時代にあって、

手触り感のあるファンシーペーパーをいかにつくるか、それがカイゼルのテーマだったと思います。触感というのは、対象物の見た目、視覚的な印象と、実際にそれを手に取った印象とがひとつになって感受される感覚です。カイゼルを目にした人は、混ぜ物に柔らかな和紙を想起し、その印象は手にしたカイゼルの触感にも重なるはずです。発売時のカイゼルでは、印刷適性を損なわない、ぎりぎりのふっくら感に挑戦しました。

——カイゼルの次に手がけた、ＯＫサンドの黒い粒々も独特の触感ですね。

そう、見た目に「なにかザラザラしているな」と。だけど触ってみるとそんなにザラザラしているわけではない。サンドの場合はパルプ中のゴミを砂粒状にした。その後キララ（雲母）を入れたミューズキララ、チタンを入れたフェザーワルツを完成させた。当時開発された混ぜ物紙の多くが消えましたが、その四つは混ぜ物入りのファンシーペーパーの代表としてある。

――そこまで質感のある紙を設計できたとなると、あまり他の要素は必要なくなり、タイポグラフィーと紙だけでいいということにもなってくるのでは？

文芸や人文書は、基本的に四六判、ないしA5サイズ。厚さは二～三センチのカバーを掛けた六面体。書店の棚や平台に置かれた状態で人の目に触れる物体。人の目を留め、手に取ってもらうのが装幀のひとつの仕事。作品のジャンルや、内容、著作によって異なるが、魅力ある装幀表現は、本というモノ自体の物質性をベースにして構築される。『夢の外部』でいえば、まず人の目に触れるのはカバーの質感です。文字の意味情報は遠ざけてある。「何だ、これ？」という見た人の思いが、いわばイラストレーションやタイポグラフィーの代わりになるのです。

生きていることのすべてが装幀の素材

――各種ファンシーペーパーが登場した時期は、四十年以上にわたる装幀生活のなかでも非常に多くの作品を手がけた時期にも当たります。とくに菊地さんの場合、アシスタントはいますが、集団で分担するのではなく、基本的にすべて一人でやってきた。フォーマットの決まっている文庫なども含めて、一番多いときには年間でどのくらいの本の装幀をされたのですか。

年間六百冊、月に九十冊やったことがあります。

——それは何年ころですか？

一九八〇年代の中ごろだったと思います。なぜそれだけの冊数をさばけたかというと、ひとつには、写植文字をうまく使いこなすことができるようになっていたことがあると思います。たとえば、先ほどの斜体ですね。それから、ある程度自在に文字を太らせることができるようになった。つまり、明朝、中明《ちゅうみん》、太明《ふとみん》という、写植が規定する太さではなくて、自分が必要とする文字の太さを写植機のアタッチメントを工夫してつくったり。

——斜体と共に菊地さんのタイポグラフィーの代名詞ともなった「ぼけ文字」ですね。

そう。最初は印画紙の隅にあったピント外れの文字から始まったんですけど、その後、写植のオペレーターと一緒に試行錯誤した結果、ぼけの度合いを一定の段階で定めることができるようになった。そのぼけ文字を印字した印画紙を、今度はコピーの機械でさらにぼやけを調整する。そうやって斜体とぼかしで文字の表情を、ある程度自在につくることができるようになる。

写植の書体や級数の制約から自由でありながら、恣意的な手描き文字とは異なる文字のゾーンをつくり出すことができたのが大きかった。

それから、明治以後洋画の主流は油絵で、文芸書の装幀は主に画家の仕事だったこともあり、装画も洋画家のスケッチや水彩、もちろん油絵が使われてきた。が、八〇年代には、美術市場も様変わりし、表現は多様化し、享受する層や意識も変わった。山本容子さんをはじめとする版画が注目されたのもそんな時代のあらわれだった。装画としても版画のマチエールは木版にせよ、銅版、シルクスクリーンのいずれも新しい時代の小説によく似合った。版画を扱う画廊が一気に増えたのも幸いした。

写真のシーンでも、それまでの専門分野ごとに仕事をする人とは別に、自己表現として写真を撮り発表する若い写真家たちが登場してきたことも、装幀表現にとって大きな力になった。

――そこで、画廊通いが役に立ったわけですね。

画廊にはよく通いましたね。ともかく見る。そのため、事務所は一貫して銀座です。当時は自宅が八丁堀でしたから、まず自転車で東銀座の事務所――魚屋の二階――へ行って、画廊からの案内状に目を通して、手掛けている小説に似合うものがあれば自転車で何軒か回ってくる。ほぼ十年くらいはそんなふうだった。結局、そうやってヴィジュアル・イメージを決めたりストックしたりした。

つまり、銀座が資料室の気分でしたね。それまでは絵を使うにしても、まず画家から選ぶというのが仕事だった。日展で賞をもらったなんとかさんとか、いや、日展の絵は古いから新制作（新制作協会）にしようとか、そういう発想だったのが、ある種の制約がなくなって非常に自由になったのは確かです。たとえば友禅の着物の柄だったり（矢代静一『初初しい女たち』一九九〇年二月、福武書店、図26）、グラスの写真だったり（常盤新平『門灯が眼ににじむ』一九九三年五月、作品社、図27）、焦がしたパンティの写真（笹倉明『異郷のマーテル』一九九一年七月、集英社、図28）だったり。まあ、どんなところからヴィジュアルをもってきてもいいという環境が生まれていて、それに対してこちらもアイディアを出せた。だから、「困ったときの菊地頼み」とよくいわれました。「何かアイディアがなくても、菊地のところへもって行けばなんとかしてくれる」と。

――抽斗がいくつもあって、そこから自在に引き出すことができる？

抽斗というよりも、むしろ反射板みたいな「菊地信義」なんです。当時、四十代半ばから五十代にかけてのころは、大袈裟にいえば、日々生きていることのすべてが装幀の素材になっていた。朝、銀座の松屋のショーウインドウで見たものが即素材になったり、画廊で見た版画にインスピレーションを受けたり、特に意識していないものの、目に入ってくるものすべてがどこかで手掛けている装幀に結びついてくる。それは自分がつくる以前に、見えない小説の世界を見えるものにする装幀者として、あくまでも「見る人」だからなんです。

――ヴァワイアン。

つねに見つづけている人なんです。たとえば、画集とか雑誌を見ていて、おもしろいと感じる図像に出会う。そうやって、自分が見たものが記憶の底に溜まっていくんです。それがあるテキストと出会ったときに、そのうちのひとつの絵なり図像なりが浮かび上がってくる。

図26　矢代静一『初初しい女たち』

タイトルを構成する文字の書体も、その作品の印象を表していると同時に、書体としてもおもしろいと感じられるものを選ぶ。そうやって、装幀表現に必要な、いわば部品をそろえて、カバーや表紙、扉へと構成する段階が、ぼくにとって「つくる」ということになる。が、そこでも、部品相互のぶつかり合いにおいて、見た目のおもしろさ、自分がおもしろく感じる状態へ構成していく。最後まで「見ている人」であって、「つくる人」ではないのかもしれない。

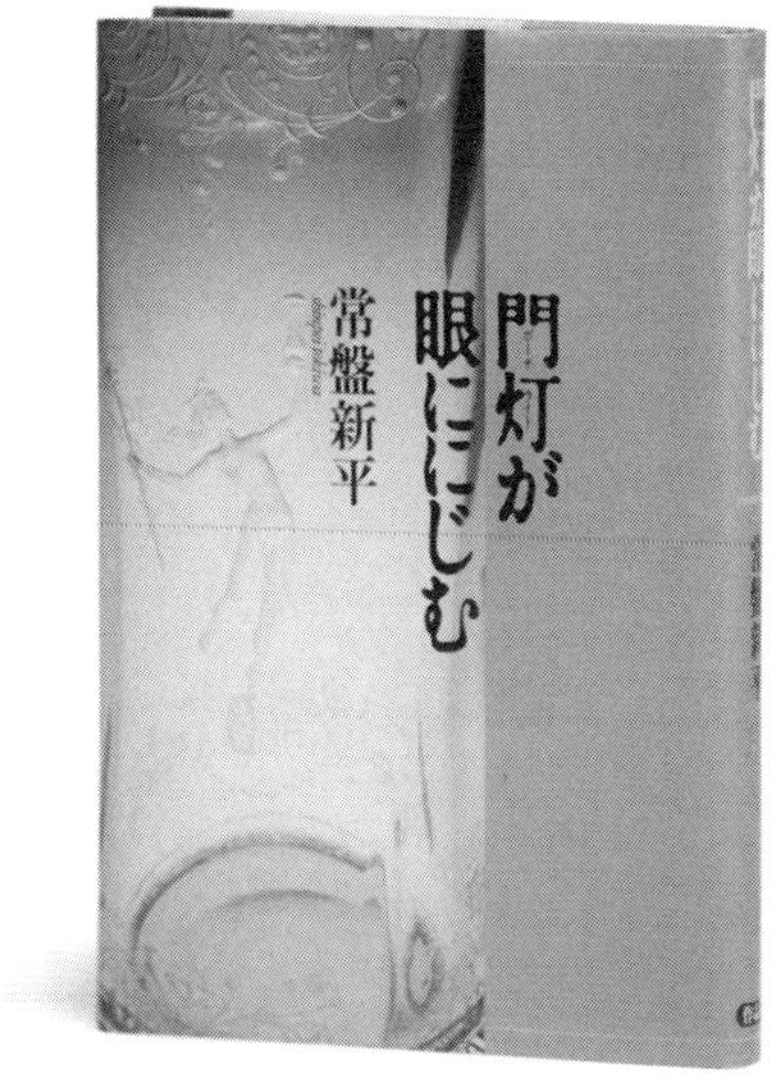

図27　常盤新平『門灯が眼ににじむ』

――とはいえ、月に九十点というのは？

それはちょっと異常でしたけれど、それでも平均すると、八〇年代は月に六十点、土日なしで一日に二点ずつやっていた。まずその日の一番に、A3の方眼紙――四六判のカバーの見開きが入る大きさです――で二冊分の設計図をつ

図28　笹倉明『異郷のマーテル』

くる。それを見て、夕方までにアシスタントの神保（博美）さんがカバーから表紙・扉までの版下を二冊分起こす。その間に次の一冊分の設計図を考えていく。そして上がった版下に、ぼくが最終的な色指定や紙指定をして、二冊分の原稿ができる。夜中にもう一冊設計して、翌朝また同じようにやっていけば、一日に二冊ずつ仕上がっていくわけです。

十五の文庫を手がける

——第二期の作品集の巻末にはシリーズものや文庫が並んでいます。文庫だけで、河出、集英社、朝日、ＰＨＰ、中公、ハヤカワ、新潮、光文社、角川、文春、ちくま、福武、講談社、講談社大衆文学館、講談社文芸文庫と、実に十五もの種類を手掛けています。

しかも、各社締め切りはまちまちで、一カ月のあいだに散らばっている。そこで、「文庫だけの三日間」とか、「文庫だけの二日間」を強引に決めて、その日はどんな締め切りがあろうと文庫しかやらない。これまたＡ３の方眼紙に各社の文庫の設計図をお煎餅みたいに並べていく。

――文庫のサイズは、版元によって違うのでは？

そう。一ミリ、二ミリ、微妙に違う。だから、ぼくとアシスタントの机には各社の文庫のサイズが書いてある「文庫表」というのがあって、それを見ながらサイズを確認していく。ただ、これだけ数をこなしていくわけだから、まさに「拵え」で、たとえばちくま文庫の『大菩薩峠』（全二十巻、一九九五年十二月〜九六年九月）（図29）は、

図29　中里介山『大菩薩峠』

編集者に市川雷蔵主演の映画の名場面を集めてもらって、雷蔵の位置を決めトリミングする。その上へつくった判子を模したタイトル文字をのせていく。自分でいうのもなんだけど、この判子は、タイポグラフィーとしても洒落ていたと思います。

——同じ文庫という土俵ですが、各社それぞれ特徴を出していかなければならない。

福武文庫（一九八五年十一月創刊）（図30）は後発だったから、差異化のために、表1の右上から左下に対角線を引いて、著者名とタイトルの文字情報をすべて左側に収め、右側に図像を入れるというフォーマットにしたわけですが、これは実はすごく冷や汗ものでした。なにしろ、どんなタイトルの長さであろうとタイポグラフィーは全部左

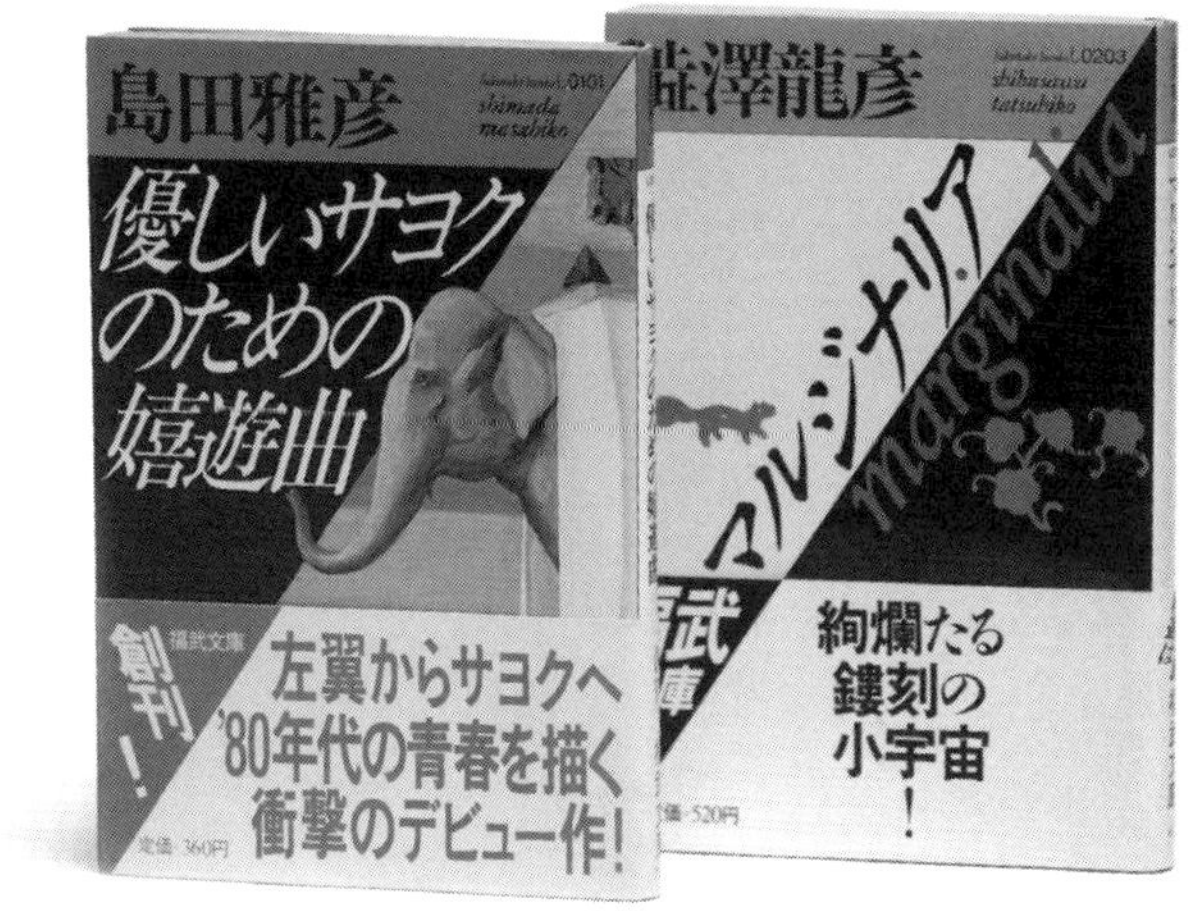

図30　福武文庫（創刊）

半分に入れて、残りの半分に絵を入れるというのはかなりの制約で、自分で自分をいじめている感じですよね。装画を頼まれたアーティストも三角形に描くことなどまずないので、緊張感のある作品をいただけた。

——文庫のなかでも特筆すべきは、講談社文芸文庫（一九八八年四月創刊）ですね。

基本的には、色とタイポグラフィーだけで仕立てるというシンプルなものですが、一文字一文字に逆の斜体をかけたりして表情をつくっていくわけですから、このエネルギーたるや、なかなか大変なんです。

――竹西寛子さんの『兵隊宿』(口絵11)の文字は、どういう仕掛けになっているのですか。

まず、ふつうに写植で文字を打って、それをコピーで拡大する。それをケント紙に糊で貼り、それを半分に切って立てて、スタジオで撮影した。江戸時代のおもちゃ絵に立版古《たてばんこ》というのがあるんです。パーツに分かれた錦絵を切り抜いて立体に組み立てるという子どもの遊びで、ぼくは『兵隊宿』という小説が新派の舞台に見えた。「舞台の宿を立版古でやってみよう」と思い、文字だけで立版古を作った。これは数千冊のうちでも思いがある一冊ですね。

それだけでなく、こうしてまとめて見てみると、この文芸文庫のタイポグラフィーは、第二期の作品集のコンセプトが詰まっているんですね。一点一点文字を探っていくなかで、その発想が単行本に活かされてもいる。この文芸文庫が三十年近く続いていることは、とても有り難いことですね。

郵便はがき

料金受取人払郵便

麹町支店承認

6246

差出有効期間
2024年10月
14日まで

切手を貼らずに
お出しください

102-8790

102

［受取人］
東京都千代田区
飯田橋2－7－4

株式会社 作品社
営業部読者係　行

【書籍ご購入お申し込み欄】

お問い合わせ　作品社営業部
TEL 03(3262)9753／FAX 03(3262

小社へ直接ご注文の場合は、このはがきでお申し込み下さい。宅急便でご自宅までお届けいたし
送料は冊数に関係なく500円（ただしご購入の金額が2500円以上の場合は無料）、手数料は一律
です。お申し込みから一週間前後で宅配いたします。書籍代金（税込）、送料、手数料は、お届
お支払い下さい。

書名	定価　円	
書名	定価　円	
書名	定価　円	
お名前	TEL　（　）	
ご住所 〒		

ガナ
名前

男・女　　歳

住所

ールアドレス

業

入図書名

書をお求めになった書店名	●本書を何でお知りになりましたか。 イ　店頭で ロ　友人・知人の推薦 ハ　広告をみて（　　　） ニ　書評・紹介記事をみて（　　　） ホ　その他（　　　）
ご購読の新聞・雑誌名	

書についてのご感想をお聞かせください。

ありがとうございました。このカードによる皆様のご意見は、今後の出版の貴重な資
て生かしていきたいと存じます。また、ご記入いただいたご住所、Eメールアドレス
社の出版物のご案内をさしあげることがあります。上記以外の目的で、お客様の個人
使用することはありません。

六　古井由吉との対話

美術館にてのめぐりあい——国立西洋美術館

（「一枚の繪」一九八〇年十二月号）

時間と空間の贅沢

古井　昔は美術館には、知識欲だとか悪くいえばスノビズムで入ったものですが、最近はだんだんゆとりがでてきたのか、退屈しのぎにブラリと入るという人が多くなってきたようですね。
菊地　わりあい僕も見て歩く方ですけど、人を見に行くようなところがありますね。
古井　そうですね。でも十九世紀とか二十世紀最初の頃のヨーロッパのものなど見ると羨ましいなあ。美術館で半日過してもいい。何を見に行く、勉強しに行くんじゃなくて、日常とは異《ちが》う時間の使い方というか、そういうものがあってもいい……。
菊地　僕なんかは美術館には、図書館と同じ匂いの記憶がありますね。デパートなんかでいろいろ展覧会をやるようになってから、親近感というか、なんか自分が絵を見る場みたいなものが、身近かに伝わってくることが多くなったようですね。
古井　人混みを通して見る……。よく行列なんかしてるけど、たとえばモナリザが来たときのように。
菊地　むしろそういう現象の方が面白くって、じっくり絵を見るのは画集かなんかで見て、なんて妙に僕らの世代にはひっくり返ったようなところがあるんです。古井さんは西洋美術館にはよく……。
古井　月に一度くらいは来ますよ。
菊地　やはり、ひとつの異った時間意識で……。
古井　いやあ、十年くらい前は勤めていたのですが、いざ小説に専念ということになると、なかなか書けないわけですよ。それで美術館、博物館を訪ねたら何日かかるかな、なんてね、数えるだけでやめちゃったけど。
菊地　まあ、いずれ時間の贅沢をしに来るという場所になっていくんじゃないでしょうか。よく銀座の画廊なんかで、三十代、四十代くらいの女性が一人で絵を見ているのを見かけますが、これも時間の贅沢というか……。僕は京都に仕事で行って、余裕がある時は智積院によく行くんです。長谷川等伯の絵がある……。妙なプレハブの掘立小屋みたいなものを境内につくりましてね、襖絵をはずして壁みたいにして見せるという不思議な見せ方なんですが、本当に人が来ていないんです。そこに一時間くらいいると、僕は関東の人間だから、せっかく京都に行くんだから一泊したいというような気持が、充分満足させられる……。等伯がどうのというより、なんかそういう気持を満たす何かがある、空間があるんですね。外国の美術館などにもそれに似た感じがありますが、なかなか日本じゃそういう贅沢ができるところが少なくて……。

古井　我々日本人が何が貧乏だって、時間と空間において最も貧乏だと思いますね。時間的に忙しいし、一人になる時間が絶対的に少ない。時間をやりくりして無理をしてきてるから、時間に対する疲れがたまってきてそれをほぐすことが是非必要になって来ているわけですね。空間においては、昔だって皆が皆、お屋敷に住んでいたわけじゃないけど、長屋住いでもいったん表に出ると相当広い空間を享受できたんです。ところが今は大きな空間に対する渇望はあっても、行く所がないんですよ。山に登って広いっていうのと、それは別のものだと思うんです。人々のいる空間しかない。僕は美術館に対しては、小さい美術館でもいいけども、大きい空間が欲しいんですね。足音がカツカツ……そういう空間。

菊地　この美術館（国立西洋美術館）なんかは、そういう意味ではかなり贅沢……。

古井　そうですね。割合混んでるけど、ちょっと人の流れをやりすごすと、異質な空間がある。あれは贅沢の最たるものでしょう。

菊地　切れ間から見えてくるものがあるというのが面白いですね。

古井　美術館が絵を掛ける場所というだけじゃなくなってきた。あの絵を見たい、この絵を、という時代ではないですね。そうじゃなく、どういう状況で見たいかっていうのが非常に大きくなっている……。絵の見せ方、掛け方ね。いずれにしても絵っていうのは、映画やテレビとちがって何も語ってくれないから、こちらから入っていかない限り向うはただあるだけ、みたいなところがある。

菊地　絵にも確かに送り手がいて、ありとあらゆる技術を集成したものではあるのだけれど、言葉とか映画やテレビとちがって、古井さんの何かのタイトルにあったような「無言の意志」、そういうものとの対面、なんですねえ。

ギリシャ美術の源流展

古井　この西洋美術館には松方コレクションを主として、一九世紀の西洋絵画が多く集められていますが、今日見た特別展「ギリシャ美術の源流展」は、規模としてもちょうどいい、気持のいい展覧会でしたね。

菊地　エーゲ海のキュクラデス島出土品ですが、初期のものなど紀元前三二〇〇年と、私達からほんとに時間も空間も離れてる……。

古井　これだけの時間の広がりを見せられると、古代だ近代だとわけるのはナンセンスだということがわかってきますよね。例えばここに展示された時代はおよそ千二百年くらいのあいだのものですが、その間、だいたい同じ自然条件、生活条件でずっとくれば、時代がいかに古くても近代になってくる。洗練、成熟してくるのに充分な時間のはずなんですね。しだいに突きつめきったかたちに触れてくる……。

菊地　それは面白い見方ですね。大理石を切り出してカットして、このかたちになるまで千二百年という充分な時間がかかっているというのですね。つまり我々は大変成熟しきった、極めきったかたちに今日出会っている。

古井　そうですね。我々なんて近代から数えてやっと百年ですよ。実際、奇っ怪な気もしますよね。なんでこんな洗練された造型が、そんな古い時代にあり得たんだろうと。でもそれはちがうんですよね。

菊地　あれに似てる、これに似てるという風に見ていくのはおかしいのかもしれませんが、たまたま最近、僕は青森で日本に於ける縄文後期の土偶、埴輪にいくまえの粘土をこねてつくった土偶をみたんですが、やはり女性像で近いんですね。

古井　土偶とか石偶で、このキュクラデスの石偶のように立たないのもめずらしいのじゃないでしょうか。

菊地　そうですね。土偶は必ず立つように大地に足をふんばってる。それが基本のかたちでしょうが、この石偶は例外的な状態で、それに一種の副葬品というか、出土品なわけでしょう。死者が静かに胸に置いたって感じがする。なにかちょうど、喉仏から胸のあたりにそっと置いたという……。時間がたって肉体はずんずん朽ちていくけど、この石偶の重さがからだにずっと沈んでいって、最後に土に肉体を溶かしてフッとこの石像だけが残る……。

この石像はとってても優しいかたちなんですね。顎が上向いて頭がそっていて、その角度がちょうど喉の骨のところに入って、喉をキュッと押しておさまるような。

古井　僕は死者の再生を祈ってあの石偶をそわせるのではないかと思うんですね。あの石偶の手の重ねかたなどは、我身を抱くような、そして子を抱くようなイメージでしょう。だからまた母体としても死者にそわせたのではないか。

菊地　どっかでこんな人のかたちを見たと思ったら、あの甲子園の選手が優勝して涙をこらえている、あのシルエットに似ている（笑）。眼があるのかないのか、嬉しい悲しいを別にして、うぁっと上をむくポーズ、そんな感情の動きもこめられているような気もしますね。再生とおっしゃったけど、お守りでもあるのかもしれませんね。

古井　たとえば、一つの母体というイメージからは、お産の苦痛なんてのも思い出すなあ。

菊地　足もね、ちょっとお尻を落して膝をかがめ気味に前に出していますね。これはなんとなく一人の造り手を想像しちゃうんだけど、何かそういうふうに見ていくと、単なるこれはスタイルじゃないような気もしますね。

古井　まあ、死者にそわせ死ぬるとすると、人の身になってみれば、豊穣なものをしょわされるのは苦しい。死んだあと、豊穣な世の中が残るというのも。かといってこんなものをあの世に引っぱり込むのもむごいし、やっぱりこれが母体になってくれるというような考え方がふさわしいんじゃないでしょうか。不思議に裸婦というと、腰のくびれが一般的ですが、これは太腿から足のくびれが印象的ですね。

大理石の文化

菊地　ギリシャはやっぱり石の国、日本が土の国であるのに対してね。何か踏みしめている生命ある時間というのが、非常にちがうのではないでしょうか。土の上を歩いている土偶は、ただ太くしっかりしているし、石の上を歩くこの石像はふっとつま先き立ちしている。硬い拒絶する石から何か上昇していくものを感じますね。僕はそのつま先き立った足に何かすくいを感じますね、優しい造り手の気持、時代の気持をね。

古井　時代のアバンギャルド（笑）、かもしれませんね。

菊地　そういえば、キュビズムってヤツですね、僕らの時代からいうと。非常に知的な……。もっとも僕らは知らなかったけど、ヨーロッパのキュビストたちにとっては、すでに古代ギリシャ美術のこういう存在はあたりまえの常識だったのかもしれませんね。今日もありましたけど、墨絵の壺、あれなんかが我々の知っているギリシャ美術でね。

古井　我々のイメージのなかのギリシャだったら、この石偶などはでてこないですよね。非常に洗練に達していて、みるからにアフロディテ風の……。

菊地　僕は風を感じます。風が磨きあげたというような……。

古井　大理石というとどっしり重く冷たいって僕らは思うけど、西洋の人がつくるとテーブルなんか非常に軽い感じを出しますね。それだけ感覚がちがう。

菊地　それに光を通すんだなあ。香水瓶があったけど、上からのスポットライトでポッと上品に内側からピンク色に輝いていた……。

古井　大理石の小皿とか小鉢とかの洗練度は驚くべきものがありますね。さっき見ながら冗談をいってたんだけど、この人達、刺身食ってたんじゃないかって（笑）。いったいどんなものを盛ったんでしょうね。それと対照的に、時代が下ると外来の文明が入ってくる……。普通、外来の文明によって洗練され、高度になっていくはずなのに、それまでの洗練に比べて、荒い鈍重なものになっていってしまう。

菊地　古代ギリシャの陶器としてでてくるものですね。

古井　結論としていえば、どんな古い時代にでも近代があるし、また新しい時代でも原始がある、ということではないでしょうか。そしてそれが繰り返されていく。だからこの石偶を生むまでにも、ずいぶん長い歴史があるのでしょうね。

菊地　大変なものですね。でも、こういうのを見ると、いけないことなんだけど、ちょっと触りたいね（笑）。触ったらおそらく、見ることがひとつ完結すると思うんですよ。そして青いエーゲ海の、風の吹く岬のくぼみにそっと置いてやりたいような気がしますねえ。

対話

（「海」一九八三年十二月号）

古井　（黄色い布地の包みをテーブルの上に出しながら）忘れずに持ってきました……。

菊地　作品集（『古井由吉作品集』全七巻、河出書房新社、一九八二年九月〜一九八三年三月）の完結を記念して、古井さんに、お祝いとして差し上げたものなんです。ただし、どっちを私がとって、どっちを古井さんに差し上げるか迷っちゃたんです。で「どちらがあなたで、どちらが私なのか、古井さん決めて下さい。一年先でも、二年先でも、十年先でもいいから、一つ私に戻して下さい」といって、お預けしてあるもんなんです。

古井　これが片腕ですね、左腕と思われる。もう一つは片足ね、右足と思われる。蔵王権現だったらしい。蔵王権現像というのはたいてい役行者《えんのぎょうじゃ》が大峰で修行中に、その前に天から降る姿ですね。右足を高く上げて、五鈷杵《ごこしょ》を執った右手を高く振り上げて、威嚇するような恰好なんです。いや、どうもおかしいな。この右足は地を踏んでいるし、左手は握っている。どういうかたちだったか知らないけれども、とにかく、片手、片足が残ったのを、菊地さんがどこかから掘り出してきて……。

菊地　時代は鎌倉から前ってことは、まずないでしょうね。この手、指、足の造りは、非常に現代的な造りですよね。これを薦めてくれた古美術商の話では、明治でしたか。

古井　廃仏毀釈でしょう。

菊地　そうですね。そのときに叩き毀《こわ》されて、檀家の方が大切に隠すようにして保存されたものじゃないかと……。

古井　廃仏毀釈のときに、木で造った仏さんの場合は、完全に破壊したのもあるけど、そこまでいかないと、腕だけを切り落とすんですよね、それだけ魔力の行使を封じるためですか……。これを見ると、腕も足も相当強い力で潰されて引き千切られてる。足のほうには、ちょっと鋭利な切断面がある。これ、つまり仏像っていうオブジェの一部分ですよね。これ自体オブジェとしてもいいんだけど、それを片手、片足ずつ……、何かちょっと警視庁みたいな話になっちゃったけど（笑）、どちらかを私が取り、どちらかを菊地氏が取って、それをもう一度菊地氏が、もう一つの見せ方ね、もう一つのオブジェとして形造るって約束なんですよ。

菊地　これはそのオブジェの一番重要な胴体も、顔もない、先と先だけのね。だからただ単にそういうあったであろう関係に固定するというんじゃなくて、たぶん古井さんがどちらかを選ぶということから、何か私に見えてくるんじゃないかと思うんです。

古井　これだけをオブジェとして愉しむという愉しみ方があるわけですよね。それでまた一つ迷うわけ。菊地さんがそれを何かあらためてオブジェ化する、その辺にちょっと今日の問題が、そろそろと顔出しかけてるんじゃないかと。

僕も菊地さんと付き合ってから六、七年になるけれど、「あの人は何か」って人に訊かれるときに、紹介に困るわけです。「ホワット・イズ・ヒー?」っていう問いね。一番最初私自身も分からなかったし、いまでも本当に分かってるかどうか、装幀家ということで一応我慢してるんだけど、何かちょっとその呼び名も、心に満たないものがある。仕事のプロセスを、ちょっと見過ぎたのかしら。装幀とは何かということもあるでしょう。

＊　＊　＊

菊地　装幀に関していわゆる機能の側面、つまり、テキストを保護するような機能性と、その機能に準じるわけですけど、いわゆる指示機能というのかな、内容を指示する機能、この二つに尽きてしまうわけですよね。これは論ではないね、装幀とは何かって問いがあったとき、ここで終わっている。大学の研究論文を纏めたもの、つまり、紀要、ああいう状態をしか指示出来ないというようなものとして、ふつう装幀という言葉はあるような気がしますね。

古井　本ということに関しては、たとえばいま言った大学の論文集、あるいはお役所の白書ね、もし非常に優れた、広範な活字を拾えるワープロがあって、それで表情のない活字で印刷して、白い表紙できちっと、正面に表題と著者、これで本の機能としては事足りるわけですね。これが装幀というものの対蹠点《たいせきてん》だと思うんです。

菊地　対蹠点というと？

古井　ちょうど向こう側にあるものです。装幀が感覚を凝らし、知恵を凝らし、思想を凝らし、最後にゼロ装幀へいくのは別の話として、向こう側にそういう、いわば真白なものがあって、こちら側に装幀というものがある。そういう対照物を目に入れて、装幀というのは常に考えなくてはならないと思うんですよ。いま言ったようなもっとも抽象的な出来の本で、カバー出来るような機能論だったら、もうこれはそこまでなんです。そこからまず余計なものとして出てきたと考えるとすれば、じゃ余計なことってのはどういうことだと、どこまでいくのかと、本そのものと抵触するのか、どういう共振れを起こすのか。

菊地　ついつい日頃もう作ることが前提で、装幀を依頼され、引き受けているわけですから、余計なことって言われた言葉は、実に響きますね（笑）。確かにそうだと思う。

古井　まず、いわゆる装幀が本になる前、それがカバーであれ、函に貼ったもんであれ、そのカバーにするため、函にするために、裁断する前の一つの中間的な出来上がりの、何て言ったらいいんだろう、これ、絵っていうのかしら、物があるんですよ。『槿』にもちゃんとあるんでね。作ってるほうは、もう本のかたちを含めてるんだけど、見る者としては、一枚の絵として見るんです、平面的なデザインとしてね。作り手のプロセスとしたら、立体的な像を一旦平面的に捉えたものから、あらためて本を浮かび上がらせるってことはあるわけでしょう。

菊地　ええ。

古井　それまでの自分の目なり、膚なり、嗅覚なり、立体的に捉えたものを、一応一度は平面に収めなきゃ始まらないわけですね。それが平面で終わらないで、本という立体になるわけですね。これはかならずしも順を追っていくプロセスとは思わないけど。

菊地　ちょうどそれは彫刻家のいわゆるドローイングと、非常に近しい部分があると思います。いわゆる本というやつは、否応なく物、物体として出来上がるわけです。その物体としての形、厚み、重さ、それから絵と違って、ただ壁に飾って眺めるもんじゃありませんから、手にとって捲ってというような形で、その読者に対して、出現するわけです。ですから当然どのようなテキストの装幀をするときも、そのテキストがどのような作品としての世界や、意味を持っていたとしても、読者の前に出現するであろう物としての有様をテキストの中へ読んでいくということがあると思うんです。

ですからテキストを読み進めていくある段階で、厚みや大きさが、普通は束《つか》といいますね。束が決まったり、それから基本的なマチエールみたいなもの、どんな材質を使うかというのがテキストの中に見えてきたあたりから、物性の核のようなものが、テキストが一義的に持つ世界、意味やイメージと衝突をするということが多々あります。

そういう物性として生成する本という問題でいうと、『槿』の場合、この状態（平面）は絶対に出来上がってしまってからは、もう見えない。常に、こういう形（本）でしか絶対見えないものですね。ぼくはこの平面の段階を二つに折った状態を想定して考えて進めているんだけれど、否応なくある段階で平面の状態で出会うわけですね。そしてその状態で最初のプランを壊していくということがあるんです。具体的にどういうことが、その段階で出てきたかといいますと、この色なんです、膚色とでもいいましょうか。

古井　『槿』という題字の周辺を正方形に取り囲んでいる、その内側の色ね。

菊地　この色が見えてきた、つまり、この平面の段階の校正刷りで見てから、立体として考えていたこの色が一気に変容し始めた、本の生成過程としての平面、この状態から決まった色といったほうがいいかもしれない。だけどこの状態で見たら、もう最初の指定のオフセットの四色の掛け合わせっていうんですが、それで出てくる色では太刀打ちできないんです。これは狩野山楽とも、山雪ともいわれている人の襖絵、それのごく一部を大変乱暴に無惨に切ってる、非常に傲慢な現代的な表現にしてしまっている。ところが、さすが狩野派、きますね、ドッと……。版元の編集長に現場から泣き付きまして、「どうしても特色の一つを使わしてほしい」と、つまり、五色刷りですね。

＊　＊　＊

古井　その状態の絵というのは、沢山考えることを含んでると思うんですよね。ぼくがこの絵を見せられたとき、本としても見ようとするけど、どうもやっぱり絵ですよね、絵として見てる。で、菊地信義の見る目は違うんですね、もっと本なのね。実はこの『槿』の連載は一時中断したのだけれど、その前から菊地さんに装幀をやってくれと頼んであった。菊地さんもあれこれにつけて、すこしずつ『槿』の装幀について思うわけですね。そのとき、その段階でも、菊地さんの頭の中にあるのは、やっぱり本というものだったと思うのね。出発点は、本ですよね。絵じゃない、文学でもない。もう本というのは、とっても難しいんです。絵でもない、文章でもないという自立性があるんです。

最後も、もちろん本です。でも途中であの絵を見たり、あの写真を撮ったり、この色を工夫したり、あの色を出したりするとき、最初のプランどころか、本ということが一度消えるプロセスってありませんか。本であることを一度失って、それからもう一度本を作り出すっていう。

菊地　うん。

古井　この平面の段階ではまだ、本として出来るかどうか、かなり危いところでね。もし菊地さんが、あの絵を考えているうちに、別な情熱に取りつかれたら、本から逸れるってことあり得るんだね。

菊地　あり得ますね。

古井　十分あり得るんですよ。

菊地　さっき自分でおっしゃったからいいんだろうけれども、まあこういう作家はあまりいないんじゃないかな、連載が始まってどうなるか分からないものを、「出来上がった暁の本は頼むぞ」と（笑）。それで読みに付き合わされていくわけですから、その都度やはり訊かれる、「どうだった？」「どうだ？」と。すでにもうそんな関係で進んでいた時、『槿』の連載がちょっと版元の事情があって一時お休みになった。で、まだ連載が再開されるかどうかも実は分からないような状態の疲労困憊なさっている時に、何を思われたか、「ところで朝顔というのは、日本の絵の画材としてつまり題材として、何か有名なものはあるかな」っていうようなことをお訊きになった。私はもうその『槿』の連載が始まったときから、実はこの厄介な槿《きん》という字をお使いにはなっていたけれど、当然あの一回目の話を読んでいる方だったら、お分かりのように紛れもない朝顔が一つポカっと咲いているところから始まっているわけで、私もやっぱり装幀を考えますから、『槿』だけど、すぐこっちの朝顔をむしろ私は考えていた。連載が続くに従って、この槿《きん》という字がなぜ古井さんにとって朝顔だったのか、いまは実によく分かりますが、古井さん、連載がストップしたの五回目でしたか。

古井　七回目です。

菊地　七回目でしたか。そんなときに、「いや、実は京都妙心寺の天球院の襖絵に、私も見たことがないけれどこういう代物があるんだ」「それは面白い、一度見てみたいね」っていうような話で、その場は終わったんだと思います。

それである時初めて見ましてね、装幀みたいなことに頭がなかったわけではないんですけれども、そんなことどうでもよくなっちゃった。ピカソの有名な「ゲルニカ」の部分、部分をずっと撮っていって映画にしたのがある。その映画のことがもの凄く頭に浮んだ。なぜか知らないけどそういう作品化したいというような思いに、もう取りつかれてしまって、古井さんが何かあの作品で為し遂げていくだろう世界みたいなものを、もうそこから今度は僕がこのテキストを追って行くというような……。つまり、そこでは装幀家でもなければ映画作家でもない。何かもっと得体の知れないそんな体験が、この絵との出会いに対してはありますね。これは古井さん、さっきの問いとちょっとずれてるのかな。

＊　＊　＊

古井　いや、ずれてないんですよ。さっきなぜ僕があういう質問したかっていうのは、僕自身にとって切実なことでね。『槿』という連載を始めたとき、少なくとも一輪ポカっと咲く朝顔のイメージはあったんです。ほかのことはもう途中でどんなに見失っても、これは辿れると思った。それで連載が止まりかけて苦しかったけど、朝顔ということでは自信を持っていたんですよ。

菊地　モチーフですね。

古井　モチーフとしてね。で、菊地さんにも装幀は頼むということは言ってたし、それは著者と装幀家と、もう塩を撒いて仕切りに入ってたわけですよね。で、その朝顔を見たいというので、菊地さんにお願いして、その襖絵のある部屋に入ったとき、正直言って、最初、僕は迷惑だと思ったんですよ。

菊地　うん、古井さんらしい。

古井　こんな朝顔が目の前に現われたら、いままでの構想がね。構想と言わないまでも、垣根にきちんと咲いてる一輪の朝顔がむなしくなるんです。実際あれで、最初の構想に対する愛着は、だいぶ捨てなくてはいけなかった。そのとき窮地に追い込まれた作家が、装幀家を道連れに引き込むように、「これでやる」って言っちゃったんですよ。そのときは、僕にとっても課題だったんです。「これでやる」と言ったときには、まだ自分の作品全体は見えなかった。この朝顔の絵のほかはね。

菊地さんも、そのときある程度まで、本としての構想はあったと思うけど、一度本から離れなくてはならなかったんじゃないかと……。

菊地　そうですね。ですから今度の『槿』についていろんな書評が出ましたけれど、あの七回と八回の間にある問題というのは、こんな話今日初めてだと思うんで、実は今後はいろんな問題になることだと思うんですね。面白いもんで、『槿』の連載が再開されたときには、僕のほうでは、随分気持ちよくこの絵は、一とき消えていきました。ただ、この絵をそういうプロセスで、古井さんにお見せした、見せつけたのは確かだ、なぜだったのかって考えたことがあるんです。ここは用心して言わなきゃいかんのだけれど、挑発があったような気がする。

古井　装幀家としては、やっぱり最初本の構想から始まって、最後は本に終わらなきゃならない。けど、ぼくが菊地さんの行き方を見てて、やっぱり初めから終わりまで全部本だったら、装幀家としてダメなんじゃないかと思うのね。本から非常に危険なやり方で離れるっていうプロセスがあると、僕には見えるんです。

たとえば、この天球院の山楽、山雪の朝顔の絵というのは、夥《おびただ》しい朝顔が空から降っているんですよ。これをこういうふうに切り取るというのは、大変な力業なんです。そのとき、これを切り取る必死な作業の最中に、はたして古井由吉の『槿』という本に拘《こだわ》っていられたかどうか。これはもう忘れなきゃ切り取れなかったのじゃないかと、僕は思うんです。こう切り取ってきたのは、まァどっかでやっぱり古井由吉のこと忘れずにいてくれたんでしょうがね（笑）。絵から絵を切り取るというのは、危険な業ですよね。これは全責任を持ってやらなきゃならない、相当なエネルギーを込めなきゃならない。そのときに、この装幀の作品はかくかくしかじか、この作家はかくかくしかじかっていうところで、もしも手枷、足枷嵌められたら、こういう切り取り方はできないと思うんですよ。だから菊地さんが、この絵を切り取ったときには、必ず本から離れた境地にはあったと思う。

菊地　実はそうなんですよね。

古井　そうでしょう。

菊地　実はおっしゃるとおり読み込んだところで、そこから色や形や絵が描けたり、トリミングが出来たりしたらば、これは愉しい仕事だと思います。ところが、ここがその現代の問題なんだろうか、本というものが、ある種の商品としてしか、多くの場合存在し得ないわけだし、まずその角度から考えても、つまり、売られる商品であるということ、読者の獲得が一つの装幀に求められる問題になってくるわけですね。たとえば、古井さんなら古井さんのテキストを求める、古井さんを読み継いでいっている、読みたいと思っている、または全く新しいご新規さんで、「古井さんを読んでみたいな、よし、初め『槿』っていうのは、最近の作らしいから読んでみようかな」と思うようなさまざまなレベルの人を誘い込んでこなきゃならないんですね。その誘い込みの表現はテキストからだけ見えてくるもんじゃないんですね。そうするとそこである意味では、著者を裏切っていく部分があるんです。お預りしたテキストを読み込んでいて、かつ出来てくるあるイメージみたいなものに対して、もう一つ、そのテキストを来たるべき読者の目から考えて、装幀家の一側面的なイメージ、生まれてきた認識、考え方みたいなものをぶちこわすというプロセスが必ず入ってくるんです。他人の目ということかな。

＊　＊　＊

古井　菊地さんは作品を読み込むということで評判をとった装幀家なんだけど、そう言われると、人は、いわゆる文学を読む、そういうイメージを濃厚に抱くでしょう。ところが、菊地さんの場合、こういう作業があるんですよ。色鉛筆を使いながら読む、つまり、ある印象のところにある色、ある屈折のところにある色、ある言葉の伸びのところにある色、と色を文章の個々の箇所に添えていく。その色が全体としてどうなるか、最後にその色の組み合わせを見る。これは作家から見れば恐ろしいことでね、作家はやっぱり何だかんだ言っても言葉を信じてますよ。

菊地　言葉の厚みみたいなものをね。

古井　うん。栄枯盛衰、消長もあるけれども、もう極端に言えば、永遠だと思ってますよ。私が使ってる言葉は、たまたま日本語だけど、やくざな口語文だけど、日本語の少なくとも書き言葉は永遠だと思ってるし、漢文を通して中国語、さらに英語、ドイツ語、フランス語に古代ラテン語ギリシア語まで絶対通底すると思っている。楽天的であるよりほかにない。

だけど色ってのは、もっと怖いですよね。三原色にしても、五色にしても、七色にしても、言葉に色彩を添わせるってのは、これは、菊地さん自身の感覚に頼るしかない。でもその結果は、きわめて社会的なもんだと思うんです。言葉の社会性より、もっと強いね。だから最後のところで、おそらく全体の色合いを見るときに、菊地さんがもう相当社会化してると、僕は思ってる。そこからどうやら装幀の基本をね、ひとつの本に関する装幀の基本を引き出すらしい。これは書き手にとって、怖いことでね。色というのは、ひょっとすると言葉よりもっと「公」なもんじゃないかって気がするんです。この直感覚的に公なものから、作品を判断される。だから怖くて。作家個人の存じよりよりよりも、人が何を求めるか、人が何に満足するか、何に不満を抱くかということに関しては、ズバリ中心を射るんじゃないかと思うんだ。

菊地　まァ話されたんで、ちょっと補足的に公開しますと、こういうことを考えたんです。ストーリーを理解するのは、これはやはり必要です。そういうあたりは、赤鉛筆で適当にマークする。もう一つは、まさに色なんです。このテキストがどんな色を持つんだろう、たとえばそこに具体的にやたらと頻繁にモチーフとしての色が出てくるような小説、勿論あります。でもそこに僕は、色を引くんじゃないんです。もっと具体的じゃなくて、たとえばやたらと何か皮膚を傷つけたり、対象を何か傷つけたりするような、つまり、血みたいなものに読めるような行があるわけですね。そういうところが色なんです。

大体いま色を僕に残す部分には、色鉛筆の黄色を塗るようにしているんです。もう一つは、マチエールみたいな、つまり、ざらざらしてる、つるつるしてる、ぬめぬめしている、そういうもの。古井さんの小説なんか、そういう言葉が具体的に多いから（笑）。ただ、そこには、僕はマチエールを探る色は塗りません。それは作家によって、違ってくるんですね。これは一つ一つ個別で具体的に語らないと語れないとこなんで。ゲラがそういう形で、実はいま五色の色で五つの自己流のポイントを塗っているのだけれど、やはり自分に近い作品、どうしてもありますね。それはやっぱりカラフルになっていきますね。それから僕にとってやっぱり近くない作品、僕にとってあまり面白いとは思えないものってのは、やはり何もね。せいぜい意味を追うための赤いあれしか追えないんですよ。

読み終わったあと、その五色でゲラを見直すんです。

古井　原稿を読むときに色彩を援用するっていうやり方を聞かされたときに、僕なりにいろいろ考えたんです。菊地さんに至るまでの最も優れた装幀家の考え方は、おそらくこうだと思うのね。言語的なものと視覚的なものとは、所詮大きな隔たりがあるもので、相即させるというのは、これは不可能である、むしろ遠隔照応といったもので、どっかでわずかに合一するところを求めて、一つの勘でもって勝負すると。その勘で勝負するときその基になるのは、視覚的なものも、言語的なものも、そうは言っても結局一つであろうという、そういう確信だろうと思うのね。そういう確信があるものだから、かえって言語的なものと、視覚的なものと、おたがいにうんと掛け離れたところに据えて、遠隔からの相互放電現象ということを目指してると思うんですよね。もっとも優れたケースを想定してね。

ところが、菊地さんは、そういう装幀家より、はっきり言って最初やっぱり意味に取りつかれる人なんですよ。意味に取りつかれるからこそ、この意味を押し戻そうとする。菊地さんがこういう装幀をしてるとき、言語的な表現も、視覚的表現も、根は一つだという、そういう芸術家的な、カッコ入りですよ、「信念」、そんなものに基づいてないと思うんです。

なぜこの人は、言語に色を添わせて、その色を見て何かを摑もうとするか、何に基づいてそういうことをやるのかと考えたとき、この人やっぱり言葉を物《ブツ》として信じてくれてると思ったんです。言葉が物《ブツ》としての実質、あるいは働きはないとするなら、言葉はあくまでも幻影で、幻想であり、ドイツ語で言うシャインであるとしたら、色を振る必要はないんですよね。これはザッハリッヒに、言葉は究極的に物《ブツ》だって信用してる、あるいはどうしても信用したい人のやり方じゃないかと、僕はそう思ったんです。物じゃなきゃ、色を付けられない。

＊　＊　＊

菊地　信用っておっしゃったけど、僕はむしろ言葉に対して、実は敵意を持ってるわけですよ。言語で表現された作品より図像や物の方が好きな所がまずあったから。いまは映像の時代だとか、言葉は大変隅に追いやられてるようだけど、結局映像を認識したり、理解してるのは、言語においてなんですよね。たまたまある資本の段階が非常にいろんな意味で合理的だから、映像というものに、多くの価値を寄せてるけれども、実質のとこはやっぱり言語世界なんですよ。だから言語から自由になってなんか一つもいないわけだ。結局、言語のその表出性も、指示性も含めて、表現手段としての深さというか、厚みのようなもので世界は覆われてしまっている。それは言語本来じゃないんですよ、というのは言語というのは、読まれることを通して初めて成立する表現手段だと思うわけね。つまり、読まれることなしには、言語ってのは本来あり得てないはずなんで……。ところが、いま消費されている言語作品というのは、むしろ読まれなくても成立してる言語に覆われてるんじゃないだろうか。

本来その読むということなしに存在し得ないもんだとすれば、一つの言語に対して百人の読み手がいたらば、百通りの意味がそこに発生しているはずなんですね。また発生させ得るだけの表現手段だと、思うわけね。そう考えてくると、たとえばほかの音楽とか、視覚的な絵だとかいうものは、言語と同じような自由さを持ってるかなァと思うの。意外と持ってないんですよね。読まれなくても成立しているような言語で、視覚的な物体的な作品がさらに覆われてしまっている。視覚的なものを大切に思うから言語は言語本来であると思えるものしか信用しない。ですから僕が装幀でぶつかるときに、どの作家のどのテキストでも一番考えるのは、その言語の本当の自由さに届いている作品かどうかっていうのが、そのテキストを読むときの最大のテーマなんです。その自由な言語に出会ったときに、その自由さをいかに最良の形へみちびくかということなんですね。

古井　その言語の自由さというのは、どこからくるのかって考えるとね、これはまた……。

菊地　またはどうやって作家は、その言語の自由さに行き着けるのかというふうにして、僕は興味があるんです。

古井　うん。そこまで考えると、また大変に難しい問題があるんですよ。視覚的なもの、聴覚的なものに対する、鋭い感受性ね。この感性をもってしては、言語的な創造は出来ないんです。これはもう古来からの戒めでね、目を瞑り、耳を閉ざせというような戒めが、昔からあるんです、文を為す者はね。勿論いろいろ吸い込んだあとなのだけど。

高橋和巳さんも書いておられる、中国の六朝時代の陸機《りくき》という人の言葉なんだけど、「視を収め、聴を返せ」まァ大ざっぱに言やあ、目を瞑り、耳を塞げ、感受性を一切遮断しろと、その中でしか言語的な自由はないっていう戒めがあって、大なり小なり言語に携わる人間は守ってきてるもんだと思うんです。たとえば非常に優れた絵画を、文学的に説明しようとすると、言語のほうが衰弱するんですね。言語ってのは、ぎりぎりのところでは、感覚遮断によって成り立ってるとこがあるんです。

菊地　言語表現というふうに聞いてよろしいですか。

古井　いいですね、言語です、言葉ですね、文字でもいいです。そうすると文学作品と装幀というのは、大変に難しい問題をはらんでいて、もうそもそも無理じゃないかっていうところもあるんですよ。

菊地さんの攻め方はどういう攻め方だろうと、僕も常々考えている。そうすると、言語というのは視覚とか聴覚を、ぎりぎりのとこで払い除けて、そこで言語的な物《ブツ》になろうとする。その物《ブツ》に忠実であれって、逆脅しをかけてくるような感じあるんだな、菊地さんのは。ここに一つ出来上がった作品があって、それはそれなりに物《ブツ》であるけど、菊地さんの装幀というのは、その物性以上の物性を表わそうとする。これは言語的なものに対する一つの挑戦になるわけ。たとえば、この『槿』の装幀でも、槿そのもののほうは、言語的に自信がないでもありませんよ。この背景にある金箔ね（『槿』の表紙を指さす）、これは菊地信義の私に対する、もっと物《ブツ》であれという要請としかもう受け取れないんですよ。この金箔の物としての強さ、残念ながら私の作品にはないですよ。

* * *

菊地　一次産業とか二次産業っていう言い方があるでしょう。同じように意識産業つまり知識産業でも、同じことがあるんじゃないかと思うんですね。つまり、小説を書いてる作家、詩を書いてる詩人、絵を描いてる画家は、一次産業に属してんじゃないか、いま産業のほうでも、一次産業がダメですね。同じように小説が売れないとか、詩が売れないとかって言われますね。それを二次産業として利用する側のほうが、大いに賑わってるわけです。つまり、コピーライターやイラストレーターが賑わったりね。言語を作る、生み出す側ってのは、マーケットから取り残されてる。装幀の仕事は、三次産業というところかな。

それで、何でデザイナーみたいな、こういう厄介な装幀という表現に捉われちまったんだろうというとこがあるわけです。同時に自分が一次的な表現から遠いものだから、一次的な表現にある人に、「なぜあなたは、一次的表現に留まっていられるのか」、常に問いたいんですね、詩人に対しても、画家に対しても。「なぜなんだろう、僕はどうしても一次表現者になれないんだよ」っていう、根本的な問いが、まず僕にはあったんです。一次表現者には一次表現者の圧倒的なものが、実は欲しいんですね。

古井　だからこういう運動を理解しなきゃいけないの。一次産業があって、二次産業があって、三次産業があってというふうに、同心円状に広がっていく。そう外延的に見れば、これはもう朗らかで明るい話です。だけど内実は求心的なのよ。三次産業は二次産業に、「何でおまえは二次産業なんだ」と迫る、二次産業は一次産業に、「何でおまえは一次産業なんだ」と迫る。だから一次産業はもうゼロ産業に追いこまれるよりほかにない。だって、三次産業って菊地さんおっしゃるけど、その三次産業が一次産業に迫るとき、「じゃ、おまえもう一次産業ダメだから、三次産業のほうへまわりな」って、外側に逃がしてくれないわな、絶対に（笑）。

菊地　ただ、なぜかしらんけど、僕は二次産業的作品がいろんなメディアにあふれているけれどちっとも面白いと思わない。やっぱり一次産業としての非常に原始的な小説だとか、詩だとか、絵だとか、好きなんですよね。表現における古い、新しいというのは、決してそれを読んだり、絵を消費したりする側が言ってんじゃなくて、結局、制度、資本って奴が作ってるにすぎないんじゃないか……。ほんとに新しいものを見つけるのは、その一次産業に従事している者の苦行の中からしかない、と思うんです。

　本というのは、自分で広告背負っているんですよね。自分で広告背負って、本屋の店頭に身晒してるわけです。電気洗濯機だったら、広告なんか背負わなくたっていいわけ。バンバン、テレビCFもやってくれるし、新聞広告もやってくれるから、「電気洗濯機です」って、そこにいりゃいいんです。ところが本というのは、淋しい存在で、自分で広告背負ってる。だからその表現たるや、そう一朝一夕じゃ、そんなやわじゃ、これはもう人目に触れることもできない。ましてや本というものが、さっき言ったように読まれることがなければ成立しない作物、作品なんだ、表現なんだ、と僕は信じてるんです。ところが読者がなくても成立しちゃってる本は、いっぱいあります。それがベストセラーになる本だとか、要するに売れる本。これは読者がなくても、売れる本だと思う。しかし、本来の本の原形というのは、読者があって初めて成立する。

つまり、本というのは、作家のものでもないし、読者のものでもないんです。読者と作家があって、初めて成立するある作物なんですね。そうやって身を晒すものは、現代において本来的な言語によって積み上げられた紡がれた作物しかないように思う。そういう意味で言語で作られた作物が、最も現代における純粋なものたり得ると思う、物体たり得ると思うんです。真の作家によって成り立った言語による作物は、「もの」たり得ると思う。で、それを僕はもう一つの本という「もの」に置き替えるということですね。「もの」なんだから、「もの」にしてるだけ。これは、さっきの言語というのが一番自由なんじゃないかってのと、つながるんですけど……。

古井　それは言語というのは、優柔不断で、おたおたした敗残兵みたいに、わりと真ん中のほうに残ってたせいじゃないかしら。気が付いてみたら、まだ中のほうにいると……。つまり、言語的な仕事も、拡散、外へ広がることをもって豊穣としてきた。そういうふうに思って随分長いこときたと思うんですよ。ところが外に広がるということが豊穣だっていうのは、やっぱりあまりにもハッピーなんですよ。それは何と比べてそういうこと言うかというと、広い意味の言語、言葉だけじゃなくて、音から形、線まで全部入れて、いわゆる芸術的な言葉、その拡散性のドラマなんかより、機械とか、商売とか、そういうものの非言語的な拡散性のほうが、よっぽどドラマティックでね。

それに比べると言語的なものの拡散性の解放なんて、高が知れてると思うの。暗黙のうちに言語的なものは、また求心性を求められてるんじゃないか。つまり、第一の城戸から外へ逃げ、第二の城戸から外に逃げ、第三の城戸から外へ逃げて、外へ行く者ほど討ち死にしたあげく、おたおたとして討って出そびれたのが、また本丸のほうに追い込められてるっていう状況だと思うんです。菊地さんが一番感じ取ってるのは、それじゃないかと思うのね。菊地さんの装幀に対しては、こういう批判があるわけね。

「もうちょっと中身を外へ逃がしてやんなさい」って……（笑）。

＊　＊　＊

菊地　初めて聞きましたね、そんなこと……冥利だなァ（笑）。

最近一つ意地悪を始めてることがあるんですよね。かつては自分の一番親しいはずだった映像に対して、最近僕は付き合い方が少し変わってきました。これ、お気付きだと思うけれど、古井さんの作品の装幀には、偶然だけどコラージュされた図像によって、最終的に装われたものが多いんです。『山躁賦』（図31）も『槿』もコラージュなんです。

エッセイ集は特に図像使ってないけれども、実は帯にやはりちゃんと図像が入っているんですね。『山に行く心』（図32）というエッセイ集があって僕の大好きなエッセイなんですが、戒壇院の多聞天が出てくる。この多聞天の担ってる役割は仏法を知力で守るといったらいいのか、ところが戒壇院のこいつは、守るはずの仏法そのものを、ある一つの思想として認識しちゃってとりあえず守ってるような、つまり、絶対だから守るんじゃなくて、ある一つのこれも考え方というような守り方なんだと。これは面白くてね。そういう目をしているのね。で、これは戒壇院のあの多聞天の目を使ってやろうと思った。でも写真じゃ面白くないし、帯のコンセプトがあったんで、多聞天の写真を集めまして、その目をある程度シルエット化して図像化した。これは、実は多聞天の目なんですよね。

何とかその絵画的なものに対しても、もっと言語的な自由さを持ち込めないんだろうかって考えるようになった。今度の中央公論で出来た『椋鳥』（口絵12）の文庫の装幀がそうなんです。

これは僕が作ったコラージュを、カメラの前に対して角度を持たせてるの。つまり、斜めから絵を撮ってるわけ。ということは、絵画というのは平面的なものだから、拡大したり、縮小したり、トリミングしたりっていうのは、一つの原画に対するデザイナーの思想として可能だと思ってた。ところが、所詮それは絵画の不自由さから出られないんじゃないかと思うようになった。で、考えたのが、一つの平面というのは、角度というのがあるだろうと、絵を斜めから見て感動することだってあるわけですね。この角度から見たいが故に、コラージュをとりあえずテキストから作り上げておいて、

図31　古井由吉『山躁賦』

大型カメラのファインダーの中で原図を探っていく。そういうことをやっぱり古井さんの『椋鳥』というテキストが僕に触発してきた。

古井さんのテキストというのは、もう言語がいま一番浪費される、ある二次的な言葉から、どんどこ、どんどこ勝手に遠くへ行ってしまって、まさに素っ裸の、赤剥けの言葉を突き付けてくるんですね。

これは作家が書いている時間の、そこの空気、温度、選んでしまったボールペンじゃなくて、古井さんはフェルトペンか、その消耗のある時点、つまり、新しいペンをある程度ご自分に馴染むようにしてから書き始めるんだろうけれども、それだって原稿用紙が五枚目になれば、そのフェルトペンの先っぽは擦れてきていて、字が太くなったり、滲んだり、そこに反応してるとしか思えない部分が、僕には読めてくるときがある。意味を超えて、書くという行為自体がもたらす物質感というか。つまり、李禹《リウ》煥《ファン》さんの最近の仕事みたいに、マチエールみたいなものだけに語らせようとする、――本来絵というのは、あるイメージを、マチエールを、奴隷のように使って、成立させるんだけど――筆を紙に置くというときに発生するある図像みたいなものだけで、一つの世界が出来るかどうかというようなことに正確であろうとしてやってる作家がいます。

何か古井さんって、そういう側面、そういう意識みたいなもののある作家なんじゃないか。

図32　古井由吉『山に行く心』

＊　＊　＊

古井　作家がものを書くときは、少なくともそこでは一人ですよね。その原稿が雑誌の編集部に入ると、編集者が絡んでくる。さらにそれが本になるときには、出版部、営業部が絡んできて、やれどういう体裁にするか、どういうイメージで売るか、宣伝はどういう形にするか、取次店にはどう働きかけるか、さらに本が出ると、あの書店の動きはどうか、この書店の動きはどうか、どんどん外側に行くわけですね。結局は本なんていうのは、作家が個人で書いてるかもしれないけど、本としての商売になったら、もう流通価値でしかない。もう単なる商品、イメージ商品で進むしかない。

それは現象的にはそれでいいんだけど、ここで一つ難しいことがあるんです。最後に読者が、その本を買うんですよ。読者の頭の中には、確かにマスコミの上でいろいろ調整されたイメージというものはあるかもしれないけど、金を出して買うっていう行為はね、やっぱり一人なんですよ。買った以上は、読むまでいかなくても、自分の前に置く。もうどうしようもないほど社会化されたあげく、最後のとこでまた一人になるわけね。そこに立ち会うのが誰かっていうことなんですね。これは雑誌の編集者も心を痛めるし、出版部の編集者も心痛めるし、営業も心痛める。作家はどうかというと、ここまでくるとね、もうどうしようもないわけですよ。部屋の中へ閉じ籠って成行きを待つっていうぐらい。だけどこの両端のたった一人というもの、つまり書く者のたった一人と、買う者のたった一人、これを繋ぐ位置に装幀家というのはあるんじゃないだろうか。特に菊地さんのタイプはね。そういう全体を装幀の中に生かそうっていう意識を持った最初の装幀家じゃないかと僕は思いますよ。個から出てきたものは個に追い返したいのね。

菊地　そこなんですよね。デザインって計画するっていうことですね。計画するということが成立するんならば、小説なり真の言語で表現された作品が仮に、初版が六千部で、六千の読者がそこに付いて、六千の作品が生まれるような装幀が計画出来ないものかと思うんです。六千人の平均的な理解を得る一つの装幀ではなく、六千人の六千通りの思いをうけとめられる一つの装幀を計画出来ないかと思っているわけです。

＊　＊　＊

古井　僕はやっぱり菊地さんの仕事を、デザインという方向ではあんまり受け止めたくないのね。デザインというのは、作家もやってるし、社会的デザインなら、ほんとはこれは会社がやるべき仕事で、その会社がやるべき仕事を、菊地信義が請け負わなきゃならないという事情はあると思うんですよ。それにデザインというのは、やがて無効になるんじゃないかっていう考え方も、僕にはあるんです。たとえば機械、あるいは日用品の世界だったら、機能を純粋に推し進めるっていうことが、すでにデザインになるわけです。文学とか絵画、写真の世界で、そういくかどうか分からないけど、でもデザインというのはそういうところがあると思う。

僕は菊地さんに求めるのは、むしろ装飾なんだね、オルナメント。装飾というと、普通はさしみのつま、添えもの、余計もの、飾りものっていう考え方があるんだけど、さしみのつまでさえ、そういうもんじゃないわけですよ。つまり、このものがこの世界でどういう象徴的な意味を持つかっていうのを、少しでも集中的に表現するのが装飾だと思うんですよ。そこにいくと第一次産業ですら、もう個々の世界でしかないわけ。個々の局地戦でしかないわけ。局地戦で出てきたものを、最後に、いまの世の中でどういう象徴性があるかというのを見定めて表現するのが、千人千様に見えてもやっぱりひとつの象徴性を指示するのが、装飾だと思うのね。

菊地　古井さんのおっしゃったことは、非常に本質的な意味においてであって、もし仮にそこに装幀という表現をすえると、まず、プロの装幀家というのは、現在成立しなくなるんじゃないかな（笑）。

古井　菊地信義の装幀が、そっちへ向いてるんじゃないかと感じ取ってるからそういうのでね。たとえば、いろいろな古い時代、新しい時代の言語芸術、造形芸術があって、そこでさまざまのスタイルがあって、「ああ、これはこの時代のもんだな」というふうに、後世を得心させるんだけど、その中でもっとも時代のスタイルとして残るのは、装飾じゃないかと僕は思う。つまり、着物の典型的な模様とか、これは十年どころか五十年百年刻みで、ほんとにその時代の様式というのを、濃厚に伝えるわけ。ところが、さっき言語こそ自由とおっしゃったけど、言語には一方で抽象的な過激さがどうしてもあるわけです。個人を超える時代の模様を織ってくっていう、そういうレベルでやってては、ものが表現できないということはあるんです。

僕らは全盛時代の中国とか、ギリシャとかローマの堅固な言語を使ってやってるわけじゃなくて、非常に解体的な言葉に頼っているのであって、この解体的な言葉を腐らせないためには、さらに解体分析的にやらなきゃならない。だからはっきり言って、様式も、文体も、文様もへったくれもないわけ。文《ぶん》というのは、文様のことでしょ。文もへったくれもないわけ、言葉を腐らせないっていうところがぎりぎりなんだ。でも自ずとその時代の文様というのは、僕はあると思うのね、それは十年刻みだか、二十年刻みだか、五十年刻みか分からないけど。
菊地　でも自らさっき完全に否定されちゃったけど、文体というのは？
古井　うん、ほんとはあるべきなんだけど、現場でやってると、もう文体もへったくれも、僕はないと思うね。「一個人である私が、このとき、この作品において、言葉をどう腐らせずに生かすか」って、もうそれで精一杯でね。それ以上の広がりを持っているゆとりなんかないんですよ。ゆとりのなさから、かえって何かが出るんじゃないかと思うのだけど、文様を表わすことは、変な話だけど、一次産業じゃ出来ないね。出来たら、僕はちょっとおかしいと思うぐらいだ……。
菊地　ところが、視覚的な仕事には、それが出来得るはずだということ……。
古井　うん、個から出たものが、だんだん社会化されて、最後に読者という個に入る、その全体のプロセスを見てると、かえって文様ってのは見えてくるんじゃないかな。作者が出そうとして出せなかった、出せないと自己限定してわずかにでも出そうとした文様と、読者がほとんど肉体的に求めている文様との一致とか齟齬《そご》とかが、菊地さんみたいな立場にはもっとも見えるんじゃないかと思ってね。

Ⅱ

単行本未収録エッセイ・対談

乳房感覚の内側で……

（「写研」一九七七年八月号）

結局、デザイナーって〝物事に酔えない人〟だと思う。要するにお祭りの当事者になれないわけ。僕は観光化されていない田楽系統の小さな祭りが好きで、よく見に行くんだけれど、村人たちの中に踊り込めなくて、おぼれ込めない自分というものを〝見てしまう〟。つまり、人が何かに狂っていくのを見ている妙な快感までなんですね。変な言葉ですけど、エクスタシーの瞬間がさめちゃう。「あ、これがエクスタシーだな」と思いながらもその瞬間の自分を外から見てしまう。どうしても酔えないんです。それを感じとれる位置に足を踏み込みたいんだけど、あくまでも一歩手前で何かを感じとってる第三者にしか過ぎない。デザイナー、ＡＤ（アートディレクター）ってそういう性格の仕事みたいな気がしますね。

ところで、『写研』四一号特集の雑誌調査を見ると、AD制をとっている雑誌が多くなってきているようですけど、僕は、まだ本当の意味で日本化された雑誌づくりのAD制というのは確立されていないと思うし、雑誌のエディターとADの関係というのはあくまでも広告の場合と同じだと思うんです。「雑誌のADというのはそのものを知りつくしていないと、いいものはできない」という人もあると思いますが、僕は、本来雑誌のADというのはファッションにしろオーディオにしろ、ある言い方としてね、〝分かっちゃったらできないんじゃないか〟と思う。

僕はトヨタの広告をやっていますが、車の運転はできないし、しようとも思わない。だけど、ある方法によって容易にドライバー当事者になれるし、もちろん第三者的アングルからも、いい広告は作れるんです。これは僕の考えですが、つまり、僕らの仕事というのは〝価値概念というか、価値幻想の工作者、操作人〟なわけです。たとえば、オーディオ雑誌の場合だと、オーディオメーカーと出版ジャーナリズムと生活者（消費者）という三角関数があって、ADはあくまでもクールにこの三つの概念を見通せる位置にあって、工作するってことですね。

まあ、このミカレディのPR誌『花笑《はなえみ》』にしても、僕はおしゃれに対してちっとも興味ないし、無感動でして……。この仕事を引きうけたのは、まさに、基本的な人間としての、自分が生きるための試行錯誤、思想性と、このPR誌の依頼意図みたいなものがうまく重なっちゃったのね。

五年前の話になりますが、あまり視覚的なものは作りたくないというのがミカレディの条件だったんです。というのは、あの当時はファッションジャーナリズムのクライマックスが来た時で、アンアン、ノンノやら、やたら賑わってヴィジュアル化、大判化し、流行のサイクルがやたら速くなったんですよ。たとえば、夏服は三カ月前にならないとどんなものが流行るか分からないといった状況でしたからね。

ところがミカレディというのは布帛《ふはく》じゃなくてニットがベースの既製服会社だからとてもこんな流行のサイクルに歩調を合わせられないんです。布物の既製服会社の場合、流行りそうな繊維を買って、流行りそうな色に染め、織って、デザインを考えて、縫って、店に出すまでに三カ月かかるとすると、ニットの場合、編み地だから製品になるまで倍かかるんだそうです。そういう基本的な素材の制約から、それとミカレディという既製服会社の思想性の問題から、つまり洋服は何も流行だけじゃなく、着やすさ、裏地、ボタンつけひとつとかで選ばれてもいいじゃないかという、もっとメタフィジカルに基本的な装いを考えるメディアがあってもいいじゃないか。『花椿』みたいなヴィジュアルな雑誌氾濫の中にあって、そういう本物志向的な雑誌を作ろうというオーナーの意向と、この問題意識、つまりファッションを言葉で考える雑誌にしようという僕の本音がまさにシンクロナイズしたわけです。

本音で仕事ができることは幸せなんですが、いざ引きうけて苦労しました。何しろ編集者とADの一人二役はいいのだけれど誰に書かせるかという人選びが大変なんですよ。最初の十冊ぐらいまでは自分の問題意識として読んできた作家を選べばよいわけだから、どの人にもすごく自信があったわけだけど、その後はもう大変ですよ。だって、依頼しようとする人の作品を全部読んで、ということで僕はやってますからね。一方ではデザインの仕事もしているわけだから、季刊とはいえほんとに苦しいですよ。一号終わると、もう疲れがどっと出ちゃって、二、三日は虚脱状態……。

まず雑誌の顔である表紙ですが、カラー雑誌氾濫の中で、徹底的にモノクロで勝負する以上、圧倒的な何かがないと人目につきませんので気を使いましたね。表紙のイメージは僕が絵コンテを作って、それに基づいて写真を撮り込むんですが、ハッとするような、コンテ以上のものを寺島さんが撮ってくれますので毎号が楽しみなんです。

表紙のテーマは一年ごとに変えてる。創刊の一年間は、ニットという素材のもつ、布帛には出せない〝陰影〟を強調したわけ。創刊号の表紙のニットは僕の意図に合ったものを、この表紙のためにわざわざデザインしてもらったものなんですよ。で、それを最も表現できるところをロケハンして撮るわけですが、これは白を幻想的にボヤけさせる煙フィルターを使用してあります。ある時はグラデーションフィルターで昼と夜を合わせもつ感じで、ニットの表情を撮り込んだりしています。

それから、〝肌合い〟をテーマにしたシリーズ。女にとってタートルネックの感覚とはどんなものか、あるいはブラジャーの感覚とはどんなものかを写真で撮り込んでみたかったわけです。

女にとってスカートを意識するのはデザインなのか？　いろんな人に聞いてみると、決してそうじゃないんですね。ジーンズをはいている時と、パンタロンをはいている時と、感覚はみんな違う。じゃ、どこが違うかというと、スカートは「ふくらはぎで感じる」というわけね。ふくらはぎのところですれる長さの感じ……。

そりゃ、大きいブラジャーした時、小さいブラジャー、黒いものをした時、それぞれ感じが違うだろうけど、ブラジャーってのは何もおっぱいを締めつけてる時にじゃなくて、ブラジャーのホックを外した瞬間の、なんとも言えない乳房がファッとふくらむあたりで、女性はブラジャーを意識するという……。ほんとはそんなところで衣服と会話しているんじゃないかと思うのね。そういうものの認識の仕方をアジリたいわけ。デザインも形も、そりゃひとつの価値に違いないけれど、もうひとつ重要なことは、衣装が内側に語りかける問題です。いうならば〝乳房感覚の内側でブラジャーを発見するということ〟。既存のファッションジャーナリズムというのは長さや、色やデザインという上っ面しか情報化していないけど、僕は内側からファッションをとらえたいわけ。女性に〝物との関係の発見〟をさせたいわけ。女の子が十万人いたら十万通りの感覚があるはずじゃないか。それを分かれよ、と言いたい。そうしないと結局生活者は流行という道具で操作されるだけなんだよ、と。そういうところを読者が感じとってくれれば幸いなんです。

お目にとまった本文ページのデザインは〝読みやすさ〟の紙面構成を考えた結果なんです。こちらは言いたいことをかってに書いているんだから、少なくとも読むことに不慣れな人ができるだけ楽にはいり込めるように、レイアウトしてあげたいということです。これは、中学生対象の雑誌『ロクハン』（音楽之友社）をやってた当時の経験から得たポリシーですが、よほど本の好きな人以外は、読む場合の疲れは二十五行が限度ね。だからその間隔ごとに見出しを入れてやるとか、段変えをしてやることが大切です。僕のこの組み方は、何も奇をてらったものではなく、素朴な反省から生まれた考え方なんですよ。紙面がきれいで読みやすいのはLM-KPT（石井細明朝縦組用かな）を使っているからです。もちろんミカレディの方、読者にも大変好評ですよ。

僕がこのKPTと出合ったのは五年前になりますか。まだ見本帳にはいってなくて、チラシかなんかで見つけたんですよ。これだ！　と思いましたね。初めて自分の書体に出合ったという感じがしたもの。で最初に使ったものが『レコード芸術』。玄人すじにも好評だったようです。二度目に使ったのがこの『花笑』ですよ。

この仕事をしていて、改めてKPTの感覚のよさを発見したんですよ。というのはこの雑誌は創刊三号まですごく高価な紙を使ってたの。ところが石油ショック後に繊維不況が来まして、「発行は続けるが費用は極力安くしろ」というオーナーの意向で、紙の質を落とすことにしたわけです。実はこの紙はグラビア紙なんです。しかもオフ印刷というナンセンスなことをやっていますが、水性インクだから吸い込みが悪く、高価な紙に刷った時のカリッとした感じになれない。これは非常にメタフィジカルなことだけど、インクが拒絶されて普通のオフの印象と違うのね。ましてこの細いＫＰＴがいじめられているわけ。そこがまた、いいんですよ。この印象がこの『花笑』を印象づくるうえで重要な役割を担っていると僕は思うんだ。七二年にＫＰＴと出合ってから、この文字といろんな仕事をしてきてるけど、これなんかはＫＰＴという文字を分からせてくれたひとつのできごとですね。

本文インクも毎号違いますし、組み方も違いますし、そういう意味ではこの仕事はすべてがフリージャズみたいなものね。

まずアジって原稿を依頼し、それが返ってくるでしょ。行数は先方まかせだから、原稿がはいった時点で、その人の文章の書き方のくせやイメージを考えたうえで級数を決め行間を決めるんです。表紙裏の吉増剛造さんの詩を例にとると、まず、吉増という詩人のわめきが原稿用紙を媒介に僕のところに届きますでしょ、何度も読むうちに詩によって級数だとか書体だとかが見えてくるのね。だから極端な場合、ＬＭ－ＫＰＹ（石井細明朝横組用かな）を縦に組んじゃおうかとかね。ある時は一行ごとにアキを変えたり。ほんとは詩人の意図する字句切りがあるのでしょうけど、そのへんのことは僕の解釈にまかせてもらっているわけ。

本文だってその作家、文章によって、この字詰の方が生きてくるって場合もあると思う。僕はトヨタのPR誌の中の「僕と四人の詩人たち」というシリーズで、これは実際やっています。書体、組体裁選びというのはデザイナーやADとしての、言葉に対する基本的な仕事だと僕は思うんです。詩人たちともよく話し合うことだけど、こういう角度からくるデザイン批評としての社会的背景がいま日本には全然ない。あってもいいのじゃないか。つまり、なぜこの書体を選んだかとか、なぜ行間をあけたのか、とかね。本当のデザイン批評というのはそこから始まると僕は思うんですよ。デザイナーの個性とか、そういうところから積み重ねないといけないと思う。生意気な言い方かもしれませんが、これは何も単に字間、級数の問題でなしに、写植というものをもっと掘り下げたところからデザイナーがとらえていくってことも重要なことだと思うわけです。

話を先にもどしますと、見えてきた級数、行間なりで指定して写植が上がり、版下ができてはじめて、僕には刷り色が見えてくるわけです。その号だけが持つイメージの色。だから刷り出しには完全に一日立ち合って色を決めていくんです。印刷機の向うとこっちでね、「少しずつ黒を入れてよ」とか、「これぐらいでどうですか」ってなことを毎号やっていますから、ひとつとして同じ色は今までにないですね。

それから、製本に関してはこの本のために考えたもので、無線は無線なんだけど、まさに〝花笑綴じ〟なんですよ。十二ページものですから二枚ずつ折ってノドの三カ所にのりを付けただけのもので、これだと針もないし、ノドの真中に文字が来てもきれいに読めるわけです。他の造本形式ではできない〝空間の表情〟が出せますから。あとひとつの理由は、お客さまを考えてのことです。この雑誌はニットの店頭で配るわけですから、お客さまのニットにちょっとでも針がひっかかったりしたら不愉快でしょ。そういう配慮からなんです。つまり「ボタンつけひとつで服が選ばれたっていいじゃないか」という思想。そういう思いを盛り込む内容であり、製本であることを心がけたわけです。

ま、しかし用紙にしろインクにしろ、製本にしろ、そこまで気がつかれる方はなかなか少ないですけどね。これらの要素のどれひとつ違っていても花笑らしい『花笑』はできえなかったでしょうし、関係各位に感謝しています。

ま、とにかく僕は雑誌ではアンアン、広告では日立家電の仕事からずっとやってきていますが、鉛の活字を知らずに今までやってきたんで、これからも写植にしかお世話にならないと思いますね。……ところで最近フッと考えたんだけど、あれはなんで「写植」っていうんだろうか、と。活字というのはまさに根っこがあって、植えるって感じだけど、写植ってのは少しも植わっちゃいないんだよ。言ってみれば化学的なシミじゃない。そんなことを考えながら膜面をはがしていて……それを裏から見た時のショックというものがあったわけ。裏から見える写植文字の実在感のなさ、その恐さというのかな。アッ！　と思ったね。今これを重要なコンセプトにした、ジャズ評論家の遺作集を作っているんですよ。この人は音楽を言葉で語ろうとした人なんだけれど、彼がとり上げているコルトレーンにしても、どうしてもジャズと彼の言葉というのが重なりあっていないわけです。ズレがあるのね。そのいらだち、ジレンマみたいなものと、僕の中の写植文字の実在感のなさみたいなものが妙に結びついちゃって、で、僕はそれを造本を通して顕在化してみようと思ったわけです。

表紙もとびらも見返しもトレシングペーパーだけで造本して、裏から刷った文字を表から見せたり、とびらの文字が一枚の紙を通して透けてみえたり。この表紙もＫＰ

Tを使っています。書籍の場合、ＫＰＴは弱いということでなかなか使わしてくれないんですが、今度初めてＯＫをもらいまして。ほんとにきれいな書体ですね。読者はこの非常に繊細なＫＰＴという文字を、なおかつ一枚のトレペを通してしか見れない。このいらだちですね。僕は成功したと思う。

これからも写植のすべてについて奥深くまで踏み込んで考え直していく必要があると思う。エクスタシーの瞬間を見てしまう操作人だから、踏み込めるかどうか分からないけどね。

（談）

本の装丁について

（「東奥日報」一九八四年三月五日付）

昨年（一九八三年）の十一月、東京駅に近い大型書店のサロンで、「平台——菊地信義の本」展と名づけて、この十年間に装幀した本の中から三百点ほど展示する機会を得た。その折、多くの方々から「最も自信のある作品はどれですか」とか、「ベスト3を教えてほしい」というような質問を受け、大変にこまってしまった。どのような読書体験を持っていらっしゃるのかとか、興味のある作家をお聞きしたりして、何とかその場は凌いだけれど、割り切れない思いが残った。

普通、単行本の装幀という場合は、カバー・本表紙・見返し・扉・箱入りの場合は箱まで、本の姿を計画し表現するという事になる。

装幀の仕事はまず依頼された作家の作品を読む事から始まる。ゲラといって本文の二ページ分を一枚の紙に印刷したもので読む。だいたい小説の場合、私は五色のサインペンで装幀に必要なポイントに線を入れながら読んでいく。全体を理解するうえでの要点には黄色、図像のヒントは赤色、題字や著者名の書体のイメージにはブルー。本は、ポスターなどと異なりそれ自体が一つの物でもあるので、質感の割り出しも大切な要素だ。その所にはグレーを入れる。全体のトーン・色の見きわめどころは黒を使っている。ゲラに必ず五色のポイントが入るというわけではない。最後まで黄色の線しか引けなかった作品もあった。

次に初めて装幀をする作家の場合は編集者への取材を含め、過去の代表作・書評・作家論・装幀に目を通し、読者の内なる作家・作品のイメージをつかむ。本も商品であるわけで版元による定価設定から、装幀資材や印刷の色数の制約もある。ゲラに引かれた五色を色ごとに読み返しながら、書体や色、質感や図像のイメージをノートにスケッチしていく。

題字や著者名の書体が最初に見えてくるもの、材質感が最後まで他の要素をしりぞけ自己主張するもの、色調だけが残り、図像を必要としないと思われるものなど、作品ごとに要素のウエートは異なってくる。文字を作り、図像を決定し、紙の見本もそろえるなどして原稿化の過程に入るのだが、この各要素を構成する装幀者の手と目の中に、現代における装幀の困難な問題が現れるのだ。

装幀の役割は物としての本の形をととのえると同時に、その内容を端的に現す装いを作り出すわけだが、この姿は一方で商品としての現実的な流通環境の現在から自由ではない。かつて本は、意識産業という一つの市場の商品として、他産業の市場とは一線を引くことが出来ていた。しかし、ビデオ、雑誌など人間の意識や感性にかかわるさまざまなメディアが急増。また、かつて機能やサービスを売る事で成立していた産業の商品までもが、それ自体の市場のゆきづまりから、商品のコンセプトを物ばなれさせ、意識や感性にかかわる物としての価値を、高度な広告技術と膨大な出稿によって社会化させ、それらが、人の〈認識する力〉や〈夢みる力〉をきたえる道具としての本の市場を切り崩している。

他の業種に比べ、広告的なバックアップもままならない本という商品の姿は、内容の表現であると同時に、自らを来るべき読者の視線の中で広告するという、二重の表現として成立していなければならない。

まして本は、読むという読者の行為をなしにしては成立しない、やっかいな物なのだ。五千部刷られた詩集は、五千人の読者を得て、五千とおりに読まれた詩として初めて作品として成立したといえるのではないだろうか。五千とおりの読みを誘う、一つの姿が装幀に求められている事にもなる。

構成される要素は、出そろうと装幀者の目と手の中で反乱する。題字の書体が全体のトーンに衝突する。質感としての必要から選んだ紙が、刷り込まれる図像の再現を拒む。

だが、この反乱こそ装幀表現にとって重要なのだ。要素と要素のかかわりを修正し、要素自体の変更を求めるのは、要素を生んだ作品ではない。装幀原稿を完成へ導くものは、ただ装幀者の目と手に集束する視覚と触覚の現在だけだ。自分であって、自分でない色や文字の姿が変化する。質感が見え、図像が定まるのはこの反乱の劇の中でだ。こうして出来上がった原稿は、印刷や製本の過程で新たな劇を経て、書店に並ぶ。装幀者にとって、自作の装幀作品のうちで、どれが最良かを答える事は不可能だ。すでに装幀の生成の過程で、「私」はうばわれているのだから。そして五千の本に仕上がった作品は五千とおりの読みに生きはじめねばならないのだから。

反・芸術的装幀の方へ　「現代」を批評し編む

（「読書人」一九八四年十一月五日付）

僕は昭和十八年生れで、いわゆる谷間の世代です。六〇年安保にも遅れたし、七〇年には先に行きすぎました。その点では逆に上と下とが良く見えるところもある。誰でしたか、戦争の間にお腹にいたということで僕らの世代を「戦腹中派」と言った人がいますが、何にでも本気になれない、クールにならされたところがあります。強い時代体験があれば、芸術や絵画についての考えもはっきり持てたと思うんですが。

そういう点では自分は絵が描けないからデザインを選んだんじゃない。子供の頃から文字も視覚的な図像もあやつれるデザイナーに憧れていたんです。デザイナーは常に依頼が外発的でしょう。開き直っていえば何も表現したいことなんてない。何かを世の中に自己表出して行きたい人たちへのお手伝いをする。極端にいえば、よく表現することなんかあるねえ、というひやかし半分、チョッカイ気分から主体にとっかかって行くんです。

例えば、この作家の今度の作品はこういう哀しい女性が主人公だ。この女性のイメージは誰がうまいだろうか、というので絵描きを捜すというレベルで絵が発生し、装幀が発生するというところから僕は無縁でありたいんです。一つの美学的で芸術的だった今までの装幀ジャンルには憧れがない。もちろん僕は表現者としてはもともと器用な表現者とは思わないけどね。

むしろ、そういうものに対しても、またそれを存在せしめる現代という時代や読者にむかっても批評的でありたい。ただ書物というオブジェが大変好きなので、書物を生み出す人がいてそれをまた読もうとする人がいるという関係そのものの中で、いかにスピーディーにそれをやってのけるか、現代そのものをいかに批評しながら編むかということです。

僕の仕事は文芸物が中心で、ゲラをお預りしてから入稿までだいたい二カ月。月に二十点ぐらいは入稿します。

最近の仕事でいえば、吉本隆明・栗本慎一郎さんの『相対幻論』（冬樹社）。あれは極端にいえば、冬樹社から僕への装幀依頼書をそっくりリライトする形で返してしまうというやり方をしました。自分の仕事そのものを商品という側面からまったく投げ出しちゃったんですね。

本には、表面における文字とか色と形という非常に平面的な側面がある。それと彫刻的なオブジェ、物自体としてのマチエールの側面。少なくとも最低この二つをどうやって環境としての書物に対して置きかえて行くか、ということです。『相対幻論』は包装紙なんか使ったんですけど、そういう意味では僕は装幀素材だけじゃなしに、ありとあらゆる包装材料を使いこんでもいいと思う。

それから、印刷技術の思わぬ効果、機械や化学変化の効果のヴァラエティーを生かすということ。それの持ってる表情の変化は本当に千差万別、非常に豊饒で饒舌なものだと思います。

たとえば、白っぽいすき透った装幀についても自分なりに工夫しています。今はポリプロピレン（ＰＰ）加工といいまして、ポリプロピレンの皮膜をかけるのがはやってますけど、たとえば同じＰＰ加工でも、その下に使う紙によって随分表情が違ってくる。ポリプロピレンという化学薬品と石油化学から出て来た産物と、自然の産物たるパルプという異質なものを組み合わせるわけですから、当然そこにいろんな面白い反応が起きる。『私という現象』（冬樹社）などの三浦雅士さんの本の装幀なんかはその白の延長の中で一貫してやってるんです。トレーシング・ペーパーにポリプロピレンの皮膜をつくって裏から刷ってそれを表から見せるとか。こういう実験もして自分のボキャブラリイにしているわけですね。

最近は出版社も、本のコストに対して非常に正確になって来ています。ほとんどの依頼が四六上製カバー装、カバー四色以内、ＰＰ加工、本表紙は紙で一色、見返しに刷りは無し、扉は二色。そこまで決まってくるんですが、しかしそれをうのみにしていてはもう何もできない。だからその値段の配分を僕がまったく変更してもいいだろう。つまりカバーは一色でやる。そして他の部分に余りのコストをまわす。するとまた違った表情が出るんです。つまり、がんじがらめの条件の中で、トータルで同じコストでヴァリエーションをいろいろ考えることもやっています。

本というメディアは、何千年もの人間の歴史の中で最高の完成しつつあるメディアだと思う。こんなに自然に僕らの中に入っているメディアはないと思う。読まなくてもただパラパラやってるだけで何に出会えるかわからない。デジタル性とアナログ性が両方ある。人間の存在自体が一貫性と、断片的な思考のこまぎれの合体みたいなもので、本だけが唯一その要素を体現しているわけですね。ハードであると同時にソフト。しかも相互入れかわりが本くらい複雑微妙に可能なものはないと思う。

（談）

本の顔　装幀を考える――内容ばかりが本じゃない

（「週刊文春」一九八四年十一月十五日号）

いろいろな雑誌に本の紹介ページが設けられていますが、だいたい定石があるんですね。書評の文章はもっぱら本の内容について。それに本の著者、出版社、定価が記され、表カバーの写真がそえられている。しかし著者の原稿が出版社を通じて本となり、書店を経て一人の読者の部屋の書棚におさまるまでの全過程を、トータルに見すえるところからしか、本の批評は成立しないんじゃないでしょうか。我々ブックデザインにたずさわる者としては、書評のページにせめて装幀者の名前ぐらいは入れてほしいと思っている。本の写真にしても、きまりきった平面写真だけじゃなくて、もうちょっと角度をもたせて、装幀の工夫がわかるような写真のとり方ができないものかなあと。

本を〝外〟から見てみようということで、今回、本屋さんに通って、印象的な装幀の本を何冊か選んでみました。そこで感じたのは、本のもつ物質感を大切にする時代に入った、この秋の傾向として、重要な装幀作家たちは一様に、紙の質感を生かすような仕事をすすめているということです。

装幀の〝原型〟を考えるなら、大学の「紀要」——研究論文をたばねて表紙をつけた本、あれがもっともシンプルな形でしょうね。たとえば、みすず書房の本など、著者、タイトル、出版社名だけを印刷した基本形が生きています。この場合、著者名がブランドであるか、著者があまり知られていないときは、真面目な本を出すみすず書房という社名が最大のブランドになっている。ですから、もっと大きく社名を刷ってもいいと思いますよ。

基本形のつぎに、テキストの内容を説明するイラストレーションを付した装幀があります。文芸書でいえば、司修さんが非常に的確なイラストを描いてこられました。和田誠さんの装幀も同じで、和田さんの装幀だから楽しい本だろうとかね、和田誠ブランドがつくわけです。和田さんや山藤章二さん、安野光雅さんなど、力のある方たちの装幀には、たんなる内容の説明ではない、内容の構造を絵解きしてみせた仕事があります。

杉浦康平さんの装幀は、もはや本の〝説明〟ではありません。〝解説〟です。『西遊記の秘密』（中野美代子著・福武書店）も『ガダルカナルの地図』（生江《なまえ》有二著・角川書店）も、本の内容から的確な図像をひっぱり出してくる。さらに本文を引用するかたちで文字を多用する。イラストだけでなく文字も組み合せて、一目で正確に内容を伝えようとする、〝解説〟の工夫です。

杉浦さんはあるところで、本を人体にたとえ、本の表面はその人体の顔にあたる、顔を見ただけで人品がわかるように、本の表面にすべてを盛りこみたいんだと語っています。『ガダルカナルの地図』では、文字がタテになったり斜めになったり、違った方向に組まれている。これは、正面からだけでなく、横顔も斜めからの顔も美人に見せたいという試みですね。本が書店の平台で読者に出会うとき、必ずしも正面で向きあうとは限らない、斜めの方向からすっと目が吸いよせられることだってあるでしょう。平台という本の最終ステージで、どうすればより強い印象を読者に与えられるかということです。

『ガダルカナルの地図』と『西遊記の秘密』のカバー用紙は、ロウケツという独特の味わいのある紙です。このところ杉浦さんがお好きな紙のようですが、これは最初に言った〝物〟としての本の質感と関係しています。手にとって重さを感じ、手ざわりを確かめる。立体的な構造物としての、本の特性をいかす工夫。田村義也さんや平野甲賀さんのお仕事にも、やはりそうした配慮が払われています。

『火山島』（金石範著・文藝春秋）は、『僕の昭和史』（安岡章太郎著・講談社）以前における、田村義也さんの装幀の最高傑作だと思うんですよ。〝火山島〟をイメージした、あるビジョンをイラスト化する。その意味ではイラストによる〝説明〟にちがいないんですが、田村さんにはもうひとつ、書き文字という重要な項目《アイテム》があります。書物の内容や雰囲気を、書き文字によって表現するわけです。杉浦康平さんが、本文の文字を引用するのに対し、田村義也さんは文字そのものを視覚化する方法ですね。

印刷の方式も重要です。印刷方式がもたらす効果が、本の視覚性、触覚性を規定しますから。杉浦さんの場合、徹底してオフセット印刷で、オフセット方式に対する深い理解が杉浦さんの造形を可能たらしめている。田村さんのほうは一貫して活版印刷。つるつるしたＰＰ加工（ビニール貼り）の装幀が氾濫するなかで、活版印刷による重厚な仕上りが、ひときわ異彩を放ってきました。
『僕の昭和史』は実に傑作ですね。この本の中に、とりたててゴールデン・バットについての長い論稿があるとは思えません。田村さんは装幀家として、安岡章太郎さんが描いた〝昭和史〟の構造を、それにふさわしい自分なりの装幀の構造に置きかえている。いいかえれば著者に伴走しているわけです。説明でも解説でもない、〝構造〟としての装幀……これは私自身の考え方と相通ずるものなんです。

平野甲賀さんは、ケイと写植文字を巧みに使ったデザインが多かったのですが、最近は書き文字のお仕事がふえました。『活劇の行方』（山根貞男著・草思社）や『晴ときどき嵐』（向井敏著・文藝春秋）は面白いですね。

平野甲賀さんも、素材の質感を大切にされている点で、他の方々と共通しています。『晴ときどき嵐』を例にとってみましょうか。表面はロウびきしたかのごとき、つるりとした肌ざわりのビニール加工がなされています。表紙を開けると見返しですが、ここにはミューズウェイブという、ある種の波みたいな手ざわりの紙が用いられている。晴の状態がカバーのつるりとした感触だとすると、見返しはざらりとした嵐の感触。小さな形ではあれ、触覚のドラマが秘められているんです。

㊎ビで有名になった『金魂巻』（渡辺和博とタラコプロダクション著・主婦の友社）は、近ごろ流行りの読み捨て感覚の本の代表格としてあげてみました。『金魂巻』の本文用紙は、コミック用紙といって、一連のマンガ雑誌に使われている紙です。若者たちがマンガばかり読んで活字離れしているとよく言われるけれど、『金魂巻』の場合、マンガ雑誌と同じように手にとってほしいというのがまずあると思います。面白いのは、カバーをとった表紙が、革装の本の基本形を印刷で踏襲していること。伝統的な造本を足げにするという態度が、ひとつの主張になっています。要するに、本に対する高級な幻想みたいなものをいくつもいくつも裏切っていく。本をおとしめることで本に近づかせようという発想でしょう。こうした傾向は今後も続きますね。読み捨て本と、本らしい本と。二極分解の形で進んでいくんじゃないかな。

　装幀の仕事は、本の内容を読みきるところから始まります。装幀に生かされる図像、色、紙の質感、文字の表情などは、テキストの内容から当然見えてこなければならない。で、私が考えるのは、そうやって見えてきたものをひとまず置いて、読者の側に一度立ってみることなんです。こんなふうに見えてきた本を読みたいと思う人はどういう人だろう、いまはまだかくれているこの本の読者の心の状態や精神構造ってどんなものなんだろう？　五千部刷られた本は、五千人の読者を発見するための五千通りの顔をもつべきです。ではその顔はどんな顔がいいんだろう？　そこが私にとって装幀の重要な角度なんです。

吉増剛造さんの詩集『オシリス、石の神』（思潮社）で言いますと、吉増さんの詩の世界がもつ荒ぶる精神――横に大きく拡がり、なおかつ屹立する観念、いわば水平性と垂直性を装幀によって表現したい。その表現ができたとき、吉増さんの詩を必要とする読者に出会えるんじゃないかと考えました。そこで、活版とオフセットの印刷を併用してみたわけです。

墨で四角にかこんだタイトルは墓標をイメージしています。砂漠のような地平に、ある日突風が吹きぬけていく、そのとき誰一人顧みることのなかったオシリスという神の墓標が姿をあらわす――。それでペパーミントの葉くずをコピーの機械で転写し、突風を表現しました。コピー機の光が図像を定着させるさいの瞬間性と、吉増剛造の言葉のスピード感とが重なってくる。この、散乱する葉くずの図像は、なめらかな感触を与えるオフセット印刷です。一方、直《じか》にたたきつける表現としては、黒コショウの実を粗ビキして点点の図版を作り、活版の機械で最大印圧をきかせて金色の箔押しをしたんです。

田村義也さんや杉浦康平さん、それに私自身も、金や銀をよく装幀に使います。結局、本というのは他の本と競合するだけではない。視覚の現在、触覚の現在のただなかで、他のメディアとの競争関係にあるんですね。何十万円もお金をかけた、カラフルなポスターや雑誌広告などがかえって用いない色だから、金銀を使ってみよう。それによって、他のジャンルから、〝物〟としての本をきわだたせてやろうと思っている。

私は本が好きで、本に惚れちゃってるから、レコードを買うんだったら本買ってよ、映画観るんだったら本買ってよと言いたい。そのためには、こちらもあらゆる手練手管をつくしたいんですよね。

（談）

対話　加納光於×菊地信義
世界を捲る「書物」あるいは「版画」

（「現代詩手帖」一九八七年三月号）

「本」という原基

加納　「本」と名付けられた言葉、本の歴史の経緯をよく知りませんが、このことばが永い時代の裡で変更もされず、そのまま使われてきたのはふしぎな気がします。おびただしく出版されている現代においても、その物質性を的確に指してはいずに——真のもの、本物と言った意味に受けとれることばの、何か浮遊した抽象性、その周りを不定形な不確実な霧が包んでいるような、ことばの感があります。西欧の“The Book”であれば、これはもう明快に「聖書」で始まりそしてそこへ還る原基のはたらきの存在、人のこころを光りへと繋ぐものとしての在りようが、私たちへも見えてきます。

菊地　確かにヨーロッパで言う「聖書」とからんだ形での本は、日本に原型がないいま、姿だけが忍び込んで来たという気配はありますよね。

加納　それはある意味で、意識的にも無意識的にも原型のようなものを、作るまいとしてきたようなところがあるような気がしますね。

菊地　原型みたいなものを、逆に回避しようとするように日本の本が在り続けているんじゃないかと。

加納　いま、本というのを漠然と考えた時に、まず浮んだことにすぎないんですけれど（笑）。ただ僕の好みからすれば、中心志向の原基のようなものの設定よりは、事物が常に遠心力をもって拡散された状態、例えば中心はここであるという見定めをおこない、それからの出発であるより遍在するメタ・センターとしての何ものか、不定形な、不確定な、あらゆる世界現象の多様なうねりのなかにあって、生の一つの証しの営みを持続してゆくエネルギーのなにものかに興味をもつから……。

菊地　ヨーロッパの"The Book"、「聖書」という原基とくらべますと、日本の本の方が、むしろヨーロッパよりももっと自由に、ある中心的なものを捕獲する装置としてのメディアみたいな形で、本を逆意識化してゆく土壌はあったんじゃないかという気はしますね。

加納　それは前近代の生を時間に重ねたような本＝書物を指しているのかな。——本が近代の、あるいは特に現代の流通機構に組込まれて、数量、さだめられたぎりぎりの定価がつけられるとき、おのずとそれなりの枠組み、無視することはゆるされない事柄、たとえば素材一つについても——あまりにも地上的というか、現代社会の性急な要請がつくり、加工された、それも必然的に現在の精緻すぎる印刷機にのることを前提としたもの、それらの素材からの選択を、劣性と思えることはあらかじめしりぞけられ、あるいは特殊な素材は始めから不適合と断念しなければならない。特殊な素材を使えないというより、マテリアルへの自由な可能性をあらかじめ封じられているかも知れない装幀、装幀家の仕事、そのなかで菊地さんはこの十年精力的におおくの仕事をされ、残念ながらその一部しか私は知らないのですが、少しあなたの話をお聞きしたいのですね。

菊地　私が本の仕事のみにかかわるようになって、今年（一九八七年）でちょうど十年になるんですが、冊数的にも、千五百点近い本を、この十年で作ってきたことになるんです。やはり千点を超えたあたりで、完全に資材を使い切ってしまったという感じが、約三年くらい前にありましたね。現在私のところへ注文がある、初版が五、六千から一万部ぐらいで、定価設定が千二、三百円、ちょっとふっきれて、千五百円くらいの本が圧倒的に多いわけですが、そのくらいの定価をしょっていく本に、ほぼ日本で使える範囲の紙は使い切ってしまった。

で、僕はコスト・パフォーマンスという言い方をしたんですが、これは、デビューした十年前から、もう大手の出版社ではそうだったんですが、装幀家のところへ注文が来る時に、四六判・上製・カバー装で、カバーは四色でコーティングをして、本表紙は一色、見返しには何も印刷しないで扉は二色、しかも本表紙の紙は、レザック止りという言い方があった（笑）。レザックというのは、開発されてから、もう二十年くらいたつ紙なんですが、それが一つの目安になっていた。そうなりますと、あるところから、もう何もできないんですね。じゃあ、ちょっとコストをトータルに考えさせて欲しい、僕はこのテキストに関しては、カバーは二色でできる自信がある、その浮いた二色の刷り代を、少なくとも本表紙の紙を、レザック以上の紙に使う費用にまわしてくれればいいだろうというような形で、コストを丸ごとお預りして、置き替えをしていったということがあります。

　ただそれをやっても、もう行き詰まっていますね、もう使えるものがないところへ来てしまっている。たまたま縁があって、数年前に、大手の製紙会社から、紙を作ってみないかというお話があって、初めて紙作りに参加して、特に、本の世界で使える新しい紙を作った経験があるんですが、割合成功してゆきまして、それから紙を作る仕事がいくつか続いているんです。自分で紙を作るというところに今来ているんですが、それにしたって月に十点、二十点の本を作っているわけですから、それぞれに紙を作るわけには当然ゆきません。本の装幀にとって今一番重要なのは、質感、材質感という、触覚的なものであると思っているわけですが、そういうところから言って、素材に対して、実に欲求不満の状態が続いていますね。様々なエンボスをつけることは、活版の技術を使えば可能なんです。

　これはまさに、加納さんの、本来の版画のお仕事からいっぱい吸収して来ているところがあるんですけれど、ところがベースになる紙そのものを作り出すわけにはなかなかゆかないんで、そういう意味で、今は行き詰まっていると言っていいのかな（笑）。

加納　昨年（一九八六年）菊地さんが出された『装幀談義』という本（筑摩書房刊）を読みますと、「平台」を、戦いの重要な場、あるいは射程の方向として最重視している、標的を見定め、平台をひそかな猟場のように確立させているのを読みますと、振れ動く世界現象にある射程の方位を思いえがいても、その行き着く先は皆目わからない、私のような仕事のありようとはかなり違いがあるのかしらね。

七〇年代、その少し前後も入れて「本」のもつ機能にとても興味をもち、自分の仕事のなかに組み込んでみようと思ったこと、友人・知人の詩篇やその他依頼による装幀の仕事をもやったことがあるわけですが、依頼の場合でも、あるいはそれだからこそ、個的な表現行為といかにそれが関わり切り結ぶかが問題でした。依頼通りにならなくて申し訳なかった面もあったかも知れませんが……（笑）、自己表現の問題があくまで関心事としてあって、その射程先に平台というひとの視線が激しく折り重さなる場を、多分考えてもいなかったと思うのです。そういう違い、菊地さんが書かれているあとがきで、束見本を作った時、束見本には表紙も裏もなく、天地もないという一節がありますが、それがとても面白いと思うのです。

それは、絶えず向き合う仕事と物質との場であり、僕はそこから多分平台には行かないで——平台という受け手、読者が目に留め、なおかつ手にとって、それを求めてゆくまでの一つのワナ場であろうと思いますが——それを通過し、本というものが、物質として自立した存在、世界に物が在ることのふしぎさ、それが消えようが消えまいが、この世界にそれを生みだしたことの一つの在り方みたいなものの方が気になり、かろうじて、残り得るかぎりの物としての存在への関心が、多分「平台」という過程の場に目を向かせなかったのだろうと思うし、今もそうでしょう。菊地さんの一つの決意としての平台、違いは何だろうかと思うのです。

菊地　依頼されてあるテキストに関して、どう自分が自分の世界を抱えたまま、自分を装幀という形に生み出すか。〝私〟みたいなものを内に自覚するというか、意識それ自体が本の装幀に関わるものにとっては平台へ、ある読者の目に出会う瞬間に先送りされているんじゃないかと思うんですね。僕はよく〝いい本〟と言うんですが、書店に行きますと、著者の名前も知らない、書名も知らない、つまり広告で見た覚えもなければ、書評を読んだり人に聞いた覚えもないけれど、気になる本ってあるんですよね。あ、これは〝いい本〟だなっていう、何か自分の体験からだけなんだけれども、そういうふうに在る本の状態というのが、装幀表現上の目標なんですよね。
そこには誰それの装幀だとか、誰の本だとかという、総ての言葉が消えていて、ただ視覚の中にだけ、まだ触ってもいない、そこで輝くもの、そういうふうに在るものとして、物を産み出したい、ですから自分が作り出す物に対して常に内なる他者と、外なる他者（読者）の目線で物を作っています。他者の目を留める、本としてよりもまず物としての瞬間の輝き、どうしたら物が物たりえて人の目を留められるかそればかり考える。

加納　僕の個人的な考えかもしれませんが、例えば一つの紙を、きめられたある範疇の中で選ぶということは数であるとか定価を考えなければ、もっと別のもの、優性劣性を抜きにした別の選択が当然あるはずですね。装幀家にはなれない、なりたくないと単純な思いが自分のなかに突きあげてくる。物質を介しての言語＝他者と自分との間に風のようなものをはらませようとする「装幀」のあるユニークな行為が、定価や、当然考えられるある部数の多さによって、私個人の思いからすれば、物のしたたかさに立ち向う表現行為の自由さをそこなう結果に終るのでは……と思うことがあるのです。これは装幀家を非難しようとするのではなく、私の営みのなかでの生理的なもの、心構えかもしれません。

本は、千部単位、またそれ以上の数千数万単位ですさまじく次々と出版されているわけですが、私は「物」をつくり、生みだすことの恐れや怖さをどうにも抱え込まずにいられないたちですが、それをどのように見たらいいのか分りません。綴じられた本とは少し様相の違う、刷りまでも自分へ含まれる版画、あるいはポート・フォリオへの興味は基本的にはすべて個的な責任において、描画・制版、うんざりしながらも一点ずつの刷りの行為へ進行させてゆき、流動して行きつき、手渡されゆく先も小部数であることによってある程度描き手の視線で見通すことが可能だということですね。幾つもの危険な局面をふくみながらですが……。

本=オブジェについて

菊地　加納さんの場合と僕の場合は、ちょうど逆ベクトルであるような気がするんです。まず私の場合から申しあげると、平台の、来るべき読者の目線の中で、限りなく本をオブジェにしちゃおうとしているところがあるんです、物にしちゃおうと思っている。最後の最後のところでは、それは読めもしなければ、読む必要もないというような、つまりその瞬時においてだけは、まさに本を自己化してしまって、物にしてしまっている。極端に言えば、読まなくてもいい、そこで目が釘付けになって、それを瞬時にレジへ持って行ってお金を払い、開きもしないというところまで装幀が行けるんじゃないかと思っているところがあります。

そういうふうに考えますと、加納さんの場合は逆に、徹底的にまず本が作品、オブジェとして加納さんの手の中では永遠にあって、そこでできてしまえば、逆に本屋さんの平台では本としてあればいいというふうなところがあるんじゃないでしょうか。つまりオブジェはどうしたら徹底的に本化できるかというプロセスと、本というものをどこまでオブジェ化できるかという、何か逆の方向があるんじゃないかという気がするんです。

特にそういうふうなことを意識させられたのは、加納さんを初めて知ってから、今年でちょうど二十五年くらいの月日が流れることになるんですが、一九七一年から七二年の大岡信さんとのお仕事、『アララットの船あるいは空の蜜』でした。実はあのあたりが、自分のかかわっていたコマーシャルの仕事に少し翳《かげ》が射し始めていた時代で、実際にブック・デザインだけに自分の仕事を切り換えるのは、七七年ですが、あの時僕は、『アララット……』を間違いなく一つの本だと見ているんですね。

加納　「リーヴル・オブジェ」という言い方で見られてもいます。

菊地　あれは三十五個作られたんですね。僕にとっては自分の装幀を考えてゆく時の、究極の装幀として今でも『アララット……』があります。『アララット……』は箱というか、あの造本を粉々にこわしてしか読めないわけですよね。つまり読ませない、読まなくてもいいというところまで、本のある形状が行き着いているのが、あの仕事だと思うんです。それを僕は、物質的にああいうふうに実在させるのではなくて、一瞬のイマジネーションとして、平台に置かれた本への読者の視線の中に成立させることができないかと、考えているところがあるんです。

加納　今言われた『アララットの船あるいは空の蜜』という大岡さんとの共作オブジェ、あの仕事をやる六、七年前から、大岡さんと共同で「詩画集」を出そうと計画したのですね。——小部数の複製をつくること。ただよく普通に考えられる詩・版画をのんびり並列したものではなく、過激な、そして軽やかなものに仕上げたい希《ねが》いがありました。

試みの一つとして、磨かれた真更《まっさら》の銅版を、たがいに形象、あるいは言葉＝詩句を刻み、原版腐蝕を私が担当しながら、原版を交換する。付け加える形象や言葉の場を版面に感ずればそれを加え、相手の行為を不要と思ったら、暴力的であったとしてもその部分を削り消し去ってしまう。相互の判断によって、原版を通してそれが十回とか十数回という手紙のような往復の侵蝕運動のようなことを考えました。何度も刻まれては削り消し去られ、最後には中途で刷られたイメージや色彩、言葉が何も見えてこず、それでも消すことについやしたかすかな痕跡を厳密に刷ることによって、往復運動のある時間の捉え方がでてこないだろうかというプランのもとに、仕事場のある鎌倉へ大岡さんに通ってもらいまして、かなり熱心に作業をやったのを覚えています。

菊地　それは一つの版でですか。

加納　いや、そうではなく、正確な数は今は分りませんが刷りまでいきついた版は十数点あったと記憶していますね。

菊地　その時は、ページものとしての本というイメージはあったわけですね。

加納　ある程度ありましたね。詩画集という形ですから、そこにある連続性を持たせたいと。ところが作業をやってみると、僕の方が版画の仕組みや技術的なことを知っているせいで……、大岡さんの初めて行う作業の光る原版への新鮮なおどろきがあったと思うのですが、こうすれば、このようなことが可能だとか、僕の方からの技術的な発言、が大岡さんにその時点では、詩句ではなく、形象、絵を出させて刻まれてしまうのには私も少しおどろきました。もう少し別の方からの試みもやったのですが、結局何かうまくゆかないで、少なくとも四、五年はそういう試行錯誤をやっているうちに、何も紙で刷ることはないんじゃないかというところから、現在在る形になったんです。

しかしあの中で考えたことは、当然一点だけの美術作品ではなくて、共同作業によ る、あくまでも刊行物だということがありました。つまり刊行物として売買の対象として所有され、物を所有するとはどのようなことなのかと気づかされてくる。一枚レコードを買ったからといって音楽を本当に所有したことにはならないように、制作者にそのことを意識的に考えさせる機会でもあったと思います。

一点として制作する作品とはかなり異なることであり、結果的には十六個のそれぞれ命名された部品を閉じ込め、五面の窓はあっても密封することによって何ものも取りだすことが不可能に、……そのことによってかえって視覚の言語が刺激され、見ることの想像力、あるいは読者とよんでもよい視線へ向い開かれゆくのではと、思ったからです。違う個所の部品の幾つかに見えがくれしている詩句とともに、一冊の詩篇を内蔵した共作者、大岡信さんは大変面白い方法をとってこの仕事に関わりあってくれました。これはこのオブジェ制作の秘密に属しますが、彼はここに内蔵された詩をまずどんな紙面を使って発言されたものかを想像してみたものでした。

なにしろ、私へ届いた詩篇は原稿用紙のマス目に書かれたものではなく、なにか晴ればれと自由に、縦書きであったり時には横書きでも書かれ、それらすべてが官製葉書によるあの赤いポストを通過して届いたものなのですね。——私が作業を続けていた一年三カ月ほどの期間、四、五葉もつづく数十行の作品の日もあり、その一週間あとには数行だけの一枚という日もあって、たぶん全部で三十葉くらいを送りつづけ、制作現場への参加を共作者としてこのような方法で彼はやってくれたのでした。

むろんこれらは詩篇としてきちんと印刷校正もやり、正方形に近い経本仕立ての製本にハンド・プレス機による表紙も附けられ、魅力的と言ってもよいと思う厚手の束に仕上げたうえ、あのオブジェの最奥、右側に私の制作ノート、その左側部分にかすかに表紙の隅がのぞき見できるだけの状態で内蔵されています。大岡さんへのおおくの熱心な読者が居るであろうことはよく知っています。
読むことが可能なそれも未発表の詩篇、未見の一冊であり、それを取り出し手にふれることも出来ず密封されたまま、あらかじめ禁じられているというのは、「言葉」への暴挙ではないかとの考えも当然あると思います。おそれと迷いのすえそう決断できたのは、未見とされたままの詩篇＝言葉が封じ内蔵されることによって、一つの立体物のかたち、オブジェ＝物質空間の内部を支え、物質と言葉との融合した浸透作用が惹きおこすであろう事をもくろむことでもあったのですね。こころよくそれを承諾した大岡さんも、始めは折りにふれ読むことを禁じられているという辛い思いがしたかも知れません。でもしだいに同じ考えに納得されたのではと思うのです。

菊地　言語というのも物質であるという考え方は、こういう仕事をしていると、大変にわかりやすいんですが、大岡さんにとってその了解というのが一体何だったのかという、そこだけがあの仕事にとって不思議なんですよね。少なくとも、今日初めて葉書状の、三十数枚の詩篇というのを知ったわけですが。

加納　できるだけ言わないようにしていたんですがね（笑）。ただ詩篇のタイトルだけは知られていまして、「砂の嘴《くちばし》、まわる液体」となっています。

菊地　それは別エディションで、本になってはいませんよね。

加納　もちろんそうです。水漏れになることは防がなくては……。ただこの『アララット……』完成後、大岡さんへの作品依頼が幾つもあった時、時間的制約やその他のことで、〝オブジェ〟中にかくされた自分のすごい詩があるんだ、と発表したい欲求が当然何度も起きたと思います。大岡さんの詩作品ですから拒絶はできません。——しかしその後発表された詩の中に大岡信という詩人の奥ゆきを面白く感じたことは、これは内緒のことで、沈黙をかたく守るべきかも知れませんが、数十行の長い詩、双生児のようなあれの相聞のような力作の詩が、当然由来もなく、沈黙されたまま発表されているわけです。函の中に秘められたもう一方の詩にひたひたと近づきながら、そして離れているという……そんな作品でしたね。

菊地　あの仕事に関しては、大変な欲求不満が大岡さんの中に累積し続けていると思いますよ（笑）。確か『アララットの船あるいは空の蜜』のお仕事をしていらっしゃる時に、私はある音楽雑誌の特別号のためにおじゃまして、あの中の幾つかの、絵の具をかきまわした時の棒などをいただいて、フォトコラージュを作ったことがあるんですが、あの時に確か、エンビシートに刷られた、やはりあの中に封印なさるものがあったと思いますが、あれは加納さんの設計図の方ですか。

加納　いいえ、あれも別の一つの部品で、図形と詩が透明な素材の上に四色の〝シルク〟で刷られています。筒のように巻いて見ることも読むこともできませんが……。初めに〝所有すること〟の話が出ましたね。あの函を毎日眺めていても気づかずに、ある時、もしかしたら部品の裏や容器状の中に何か見知らぬものがあるのじゃあないか、と思わせる仕掛けになっていて……。大岡さんの詩篇は〝函〟を解体して全部こわせれば取り出して読むことがむろん可能ですが、私の制作ノートは見せる必要もないと思って、蜜蠟を熱で沸かして天プラのようにしてしまいコチコチにかためて……、だから開けない、マテリアルに遷《うつ》した状態です。

菊地　加納さんの仕事を二十五年にわたり、色々な局面で見て来た者にとっては、加納さんのお作りになって来たものというのは、版画のお仕事にしても、究極的に本というものを作るお仕事だったんじゃないかと思えるんです。僕は加納さんを、版画家とか画家とか、考えたことがないのね。特にこれは、僕が加納さんを、一方的に師とあおいでいるからかもしれないけれど、何か僕もまだわからない、来るべき本みたいなものの、大先達であり、大魔王であるような気がしているんです。その一里塚として、『アララットの船あるいは空の蜜』というのがあるんです。あそこまでやってしまったら並の装幀はしないよねっていうのが、よくわかる（笑）。だってあそこまでギリギリのオブジェにして、結局著者を読者にしちゃったわけでしょう。

著者の唯一の読者は著者なんだよね。そこで封印して、後の三十四の読者に関しては、読むことも拒否しているわけでしょう。つまりそういう形である本を、究極のオブジェにしきること、究極の装幀をしてしまうことで、人間の〝読む〟という欲求をカッコでくくっちゃったわけでしょう。そうなると、あの本によって〝読む〟こと、または〝所有する〟ということが、あの本ではなくて、日常読む総ての本に対して、あの本をどこかに置かなければ、読めないという関係に作り上げられてしまっている本なんだよね。そういう意味で本としての『アララット……』はきつい存在なんです。僕はスーパーマーケットの装幀家みたいなところがあるからさ（笑）。

加納　そんなことはないでしょ。共作としての『アララット……』は幾つか美術館に収蔵されてもいるわけですが、なぜか馴染みにくく、壁にかかっていたり、台の上に載っていたりしていますけれど、私の考えでは、美術館に陳列されていることより、どこか忘れられた倉庫の片隅で埃をかぶっていて、ある時代、ふと人にそれを見つけ出され、一体これは何だろう、危険物か何かわからないけど何かと考える、作者の名やタイトルも忘れられて…そうしたものとして見られることを想像してみることがありますね。

本を綴じるということ

菊地　オブジェをいわゆる本なんだと語り続けていらっしゃるのが、加納さんのお仕事だとすれば、僕の場合は逆に、ごく普通に成立している本という、色々な条件の中での作物を、一瞬でもいい、平台における眼差しの瞬間だけ、そこだけオブジェ化してみせようという思いがあるんですよね。といいますのも、今の書物の生成と流通の中で、装幀という過程でかかわる装幀者の作業を正確にしてゆくと、それしかないんじゃないかという思いが僕にあるんですよね。それ以外のところでは、装幀家としてはどこにも芯を置けないというか、正確になれない。例えば紙にも制約があるし、印刷のレベルにもある制約が付けられている。そうすると、そういうところで一生懸命になっても成立しないんですね。

ではどこで一体、現代における装幀者は、自分の問題として正確になれるかというと、平台の瞬時でしかないんじゃないかというところがある。物がまぎれもなく他者の目に晒されているわけです、物が物としての本来の姿をそこで突出させなくてはならない、制約それ自体も手段にして。ところがそういうふうにして意識し作り出す装幀という表現物は、一枚の絵や、一つの彫刻と異なって、書店の平台で未知なる人達の個々の視線の中で完成するものとしてあるわけです。ですから売れなくては困るわけです。買うことで具体性としての他者が、せり出して来るわけですから、そういう形でしか表現を回収できないんです。自分の内なるイメージの表出でも、テキストの解説でもない。装幀の平台の瞬間に賭けてもいるんですよね。

先に、遍在するメタ・センターとしてという加納さんの発言があったけれど、平台こそメタ・センターなんだと思います。他者という不確定なものを捕獲すると同時に物が物として生れる場とも考えているわけです。加納さんを長く見続けて来て、教わったことは、色彩でもなければ技術でもなくて、正確になることという、一言なんですね。そういうところから探って来て、やっとあるところで気が付いたのが、平台の瞬間だった。

加納さんは少なくとも二冊、『葡萄弾―遍在方位について』（美術出版社、一九七三年）という本と、『PTOLEMAIOS SYSTEM　翼・揺れる黄緯へ』（筑摩書房、一九七五年）という本を出していらっしゃるわけですが、御自身の作品というか表現を、本という具体的な形状の中で発表するということをお選びになっているわけですね。その他、様々な展覧会におけるカタログにおいても、充分意識的にお作りになっているということは、よくわかっているんですが、特にあの時期、あの二つの作品のある塊りを、本という形に選ばれたのは、どういうことがあったんでしょう。

加納　普通おこなわれている展覧会、美術作品の発表展示の場として画廊空間の壁画があるわけですが、受け手というか、見るひとは立って歩き、次々移動しながら、静止した壁面の作品に視線をあちらこちら向けて眺めてゆくのですね。――〝人は時間より空間を好む〟と言われていますが、私の仕事が殆ど初期よりそれぞれの連作、連続することへの関心というか、つまり時間との照応へよりつよくはたらくものですから……、ある連作の流れを見る視線をそこに釘づけにしたまま、一冊の〝本〟であるかのような展覧会を思いえがいたことがあります。

連作のシリーズが、誰かに気に入られて何点か抜かれてしまうのは連続する流れの構造を失なうことでもあり、本そのものによって何ができるだろうかと意図的に始めたものが『葡萄弾……』その他の幾冊かですね。絵画作品の複製画集でないものをです。平版の印刷工場へ入ってからもたしかそれぞれ七、八カ月かかったと記憶してますが、ずい分工場のスタッフを手こずらせましたが、本作りのなかで幾つもの発見もあって、なにしろ当時は製版のレタッチまでやらせてくれたことがありますから……。

菊地　最近の油彩のお仕事に独特の、フレームみたいなものが出て来ていますよね。リトグラフのお仕事にはなかった、枠のようなものです。例えば《胸壁にて》というお仕事には、絵をいくつかのコアにする枠が描かれているわけですが、本という形状を考える時に切断された本の大きさみたいなもの、まさにフレームですが、これが一つあると思うんですね。

もう一つはめくるということがあります。正確に言えば、紙の厚さという非連続性をはらんだ連続性があるわけですね。展開性、連続性というのは、絵巻物とは違う連続性ですね、切り替ってしまうわけですから。本という存在を原型的に言えば一つの枠と両面性、（表裏に刷られたものは、絶対同時に見られない）と言っていいのではないか。画廊とか絵巻物なら連続性という形で目に入って来るものも、本という形では、絶対に連続性としてはとらえられない。で、あの二冊の本は綴じられていたと思うんですが、綴じられているということは、大前提でしたか。絵巻物という発想はなかったですか。

加納　そうですね。描かれた本、もしそれが見事に仕上った大版の本であれば特別に息をこらして見詰めるでしょうね。そしてめくるという表と裏の間の空白は、そこでふっと息が吐ける切り口でもあり、表から裏へ裏から表と連動して手渡してゆく橋わたしであるとともにイメージを区切りながら押しだしてゆくことを担っているのでしょうか。——視線を動かさない範囲の同一空間に事物が再び現われ、登場する。時の移ろぎを主題にしたような絵巻物も、それはそれで好きなのですが、本は表と裏のすきま、視《み》ることとの緊張を瞬息の間解く、紙という物質がそなえた優しさなのかしらね。

菊地　例えば速乾性の蜜蠟を使った《稲妻捕り》というお仕事も、連作を、展覧会という形で、また、elementsを本（『《稲妻捕り》Elements』書肆山田、一九七八年）でも見ることが僕らにはできたわけですよね。連作の状態で自分の中からひきずり出していく時間、その制作の間みたいなものと、本における間みたいなものとは、ずいぶん違うと思うんですけどね。

加納　たしかにね。仕事場の中で油彩や蠟画（エンコスティック）の連作をやりつづけている時、自分に属しているはずのすべての現実の時間も、対象の中に思いえがく時間の観念とともに深く沈んだ状態で、眼を見開き、物質の、自製し調色したマテリアル、というよりその瞬間の輝きだけをたよりに、立ち向っていると思える。――本の場合では、連作であることの流動するうねりのようなもので、それなりに冷静に視つめ、仕掛けかたちづくることができ、仕上げられ本によって初めて連作が成立する方法のように思うのです。

菊地　そうすると、紙の厚さというものが、とても重要ですね。

加納　そうかもしれませんね。展覧会の、画廊の壁にある場合は、連作であるが、右側の一点から左へ向って次へと受け渡してゆくという意識は、深くは展示においてないと思うんですね。本の場合はそのページをめくることによって、前のページから次に受け渡してゆくんだという、その連続性、それから綴じることの仕掛けには、一点に目をとめて深く立止まらせないところがありますね。ある数のページになって来ると、正確にページを追い記憶することは、たぶん不可能です。次々ページをめくり、全部見終って、読者に、ああ、見たんだという感覚のふくらみをはっきり残せば、ある意味でそれは一つの完了といえるのじゃあないだろうか。本の連続の在り方みたいなもの、ある絵をどこに置くかというもろもろの仕掛けみたいなもの、厳密であろうとして四苦八苦しますけれどね。

菊地　話はちょっと変りますが、加納さんの装幀作品はどのくらいあるか調べてみたんですが、一九八三年の北九州市立美術館の油彩展覧会カタログを拝見しますと、六十から七十やっていらっしゃいますね。

加納　装画も入れると二百を超えるでしょうが、装幀ということになると、そのくらいです。

菊地　一番愛着のある本というのはありますか。今度改めて整理をして拝見すると、先程のお話にもありましたが見事に加納さんの、その時々の本来のお仕事が、装幀に重なっていますね。

加納　咄嗟にどれが好きか、といわれても困るのだけれど、例えば『吉田一穂全集』全三巻（小沢書店、一九七五〜七九）の装幀を頼まれた時、個展ができるほど、三十数点をその装幀のために制作したのですね。そんなに使うはずもなくそこから選んで、選ぶのも、私がこれとこれを使ってというのじゃなく、その中からどれを刊行者が選びとるかという興味もあって、その選んだものを、装幀に使うという風にして仕上げたものです。他の場合と少し違って、数年かけた刊行者の情熱と切り結ぼうとした一つの経験でした。

世界を捲る手と書物

菊地　僕の中に、究極の本というのは、『アララット……』というような形であるけれど、じゃあ僕のオリジナルとして、その究極の本がどういうものかというと、ちょっと言えませんね。というのは、僕の中での装幀の宿り方というのは、あくまでも依頼されて初めて起るわけで、画家がカンバスを買って来て、描くというのとは、全然違いますからね。むしろそういう本が不在だということの方が、僕にとっては意味があります。そこに何かが描けるようだったら、僕はこんなに仕事はできないと思う。常にそのテクストに対して、ある理想を授けているつもりなんだけれど、それはそのテクストのためだけじゃなくて、本になった総ての流通までも含めたある条件を、極端に言えば自分の中で組み立てているというところもあるんですね。その中のある絶対へ、少なくとも一つ一つを行き着かせようとしている。僕には、特装本を作る興味というのが、今のところまるでないんだよね。

この数年間で、特装本を作るという話が一つ二つ来ているんだけど、全部自分でこわしているところがあるんです。特装本を作る理由が立たないんです。実に、今まで通り、ある特殊な本マニアのための本を作るという、それ以上でもそれ以下でもない。つまりテキストの中に内在するものとして、特装本が全然ないわけです。究極の本ということで言えば、僕はその本というのは、絶対触ることもできなければ、写真にとることもできない、そういう本じゃないかというイメージはあります。

加納さんの『アララット……』のような究極の本から、ごく普通の本まで、本というのは図化できないね。つまり立体と平面とが一緒だし、カバー、見返し、扉までも、そこにはある時間と空間の展開性を含んでいるから、映画的な形ではある程度行くけれど、映画でもその触覚だとか、重さとか臭いだとかは不可能だね。本には頁をめくる音まであるからね。音を意識して作った装幀に小沢書店から出た、平出隆さんの『若い整骨師の肖像』（一九八四年）という詩集があります。昆虫の羽音みたいな音が、函から本が出る時するんですよ。そんなふうに考えると、本は絶対に図化できないんじゃないか。だから究極の本を、文学者はマラルメみたいに言えるかもしれないけれど、少なくとも加納さんや僕のように物にたずさわっている人間には、言えないんじゃないでしょうか。そういうふうなイメージがあったら、逆に僕らは手が動かなくなっちゃうんじゃないかという気がします。

加納　それは全く僕も同じですね。究極の本というのは、やはり姿を顕わさないものだと言う以外に、言いようがないですね。さっき『アララット……』を究極の本だと菊地さんはおっしゃったけれど、物体として、すがたを現わしたことによって、ずいぶん茫漠としたオブジェの観念がおとしめられているところもあるでしょうね（笑）。

菊地　でも僕にとってあれは、読めない以上に買えなかったということで、ずっと貧乏の恨みが残っているな（笑）。

加納　所有するということは、自分が持ってはいけないということじゃあないか（笑）。

菊地　そうですね、僕なんか所有してない『アララット……』に、おびやかされ続けているんですものね。ちょっと、自分でどうしてこんなにファナティックに、装幀の仕事を量的にやるのかを考えてみたんです。寝る暇もないくらいに装幀の仕事で自分の時間を詰めておかないと、逆につらいんです。本のことを考えていないと、考えていない時間がとっても恐いわけです。

ましてて加納さんのように長いスパンじゃなくて、僕の場合は二カ月単位で注文が来て、完成してゆくでしょう。その二カ月の間でも、本というのは非常に細かい仕事だから、一つの本ができるまでに、六回から七回一人の編集者に会いますよね。それを月に二十や三十やってゆくわけですから、一日の半分は、大体平均十社、十人、十冊の本のことで、十五分から三十分刻みで様々な本の生成の過程に会っているわけです。その瞬間瞬間に判断をすること、決定することの連続なんですね。僕にとっての〝連作〟なんです。一つの本に対して正確にやることは、逆に言えば、そのくらいの薄い層の中で露出して来ることを一つ一つやってゆかないと本そのものを見失なってしまうという思いがあるんです。

本というのは、綴じられているとか、折られているとか、形状のことが言われるけれども、本というものは版と、刷られたものとの、その関係だと思う。つまり、本というのはそれ自体、ある複数性を内在している存在だと思うんです。ですから、加納さんの版画から油彩の仕事まで、一つ一つが一冊一冊の本だと思っているところが僕にはあるんです。本という物は外在する言葉や図像の容器であるまえに、それ自体が存在するということの原基を語ってしまっているというようにあるものです。ですから人間そのものが本のようにしか生きられないというふうに考えられてもいいと思うんです。

加納　もっと単純化すると、手に持つことの心良さということが本にあると思う。人間が手を失わない限り、否応なく捨て難いものだという気がするんです。

菊地　版画というのは刷り上ったものを、手が触って、版から起すわけですね。それはまさに、ページをめくるということだと思うんです。そして世界が陰から陽に移るわけでしょう。陰と陽は往復運動をしているわけですね。それが本のページの、表裏の関係だと思うんです。表と裏を同時に見ることはできない。手で触れ、持ち、めくって、表裏を結ぶのは、見・読むものだけです。人と人とが握手したり、抱擁したりというのも、本の原形的な姿かもしれませんね。

本という形式は消えることはないと思います。他のメディアと比較しても、こんなシンプルでピュアーなメディアは他に無いんじゃないかな。本という形式が装幀を含めて話題になる背景には本という物自体が複数性を内在してしまっているという所にあると思う。メタファとしてではなしにね。版画における版と画の二極性、そして、それを読み、見る眼の存在。それにページにおける表裏の関わりと、どこを切っても一元的な存在を無化してしまうというようにあるわけですよね。TVなんて形式の方が先に消えてしまうんじゃないかしら、売れる売れないは別にして小説や詩の本においても、本という形式に自覚的な作品が増えてくると思うし、現代を真に生きようとすれば人それ自身が自からの複数性と関係性を、意識の表裏性を生きなければならないのだからね、やっと人は本という形式にとどいたんじゃないかしら。

加納　本という、自分の工房から出発したものが、幾つもの工程の拡がりへ流れてゆきますね。印刷所に入り、製本所にたどり、本に形成され、やっと平台にまで至るという……。その拡散して流れた拡がりからもう一度引き戻してやろうという気持がおきることはないですか。私には、物質が流れたその行末からいま一度引戻して検証してやろうとする癖があるものですから……。

菊地　原稿が製版される、校正が出る、造本されてその見本が出る、そういうプロセスから、たくさんのことを吸収しますね。先行している仕事を引きもどす形で後発の仕事に入って先を追い越す、そんなようにはあると思います。

加納　これは『1959 KANO mitsuo』という、少部数を版の保存限度であった七〇年代に刷らせた銅版画集の番外で、二十三部という数が終了されてからなおそれを元の一つに戻してやろうとしているのですね。これはキャンサレーション（廃版）というのだけれど、通常、廃版として原版に傷を付けて終りですけれど、それを厳密に刷ったものです。幻の二十四部目として私にいろいろな面の喚起力を与えてくれます。

菊地　普通版画家という方は、そうやって傷をつけて一つの仕事を終りにするわけですか。例えば加納さんには「ミラー」という、版をバーナーで焼き切るような仕事もあるわけですが。

加納　メタル・ワーク「ミラー33」の信品など、炎で溶解させて『アララット……』に入れています。版画原版もです。版画原版を実際に廃棄するために刷りあげる作家は少ないでしょうね。放っておけば、腐っちゃいますから。

菊地　出版社によっては、版下を、きちんと返してくれるところがあるんです。ところが僕は全く未練がないんです。だから基本的には返してくれなくていいということにしているんです。特に僕の場合、それは一種の指示書ですから。何年かぶりで見せていただいている一九五九年代のこのエッチングには、これからずっと時間がたって始まるリトグラフの仕事だとか、そっちへのイメージがたっぷり含まれていたんですね。何度でも読み返すことが出来る、読み返すごとに発見がある、僕にとっては加納さんの仕事の一つ一つが本であったんだと思います。『アララット……』だけでもやっかいな存在なのに、今日以後はこれまでの加納さんの作品の一つ一つが捲れ上って来て、何かおそろしいことになりそうだな。

加納　今そうやって、あなたが開いているものを久し振りに見ているけれど、何とか、一生懸命変えようともくろんできたのに、何も変っていないじゃあないかという思いに駆られますね（笑）。

一冊の本に泣き笑い——「愛」のありように違い

（「産経新聞」夕刊　一九八八年十月二十八日付）

一冊の本には、それを企画・編集する担当編集者が〝黒子〟として存在するが、読者はその人物を意識することなく本を手にして読んでいる。作者のあとがきに謝意の言葉とともに名前が記されていることもあるが、読者はそんな作者の思いやりにふっと和むことがあっても、目は名前をやりすごしている。

しかし、本の装幀者にとっての編集者は、〝黒子〟どころか、さまざまな顔を持つ〝立役者〟だ。第一に、彼らは大切なスポンサー。彼らから依頼があって、初めて装幀の仕事は成立する。第二には、彼らは良きパートナー。装幀原稿が仕上がるまで、素材となる絵画の貸し出し、紙材のコストや在庫調べ、その他の雑務を、手足になってさばいてくれる。そして原稿が仕上がると、最初の手きびしい批評家になる。いよいよ本が完成すれば、まだこの世に数冊しかない見本版の一冊を肴に、同志の心地で酒となる。装幀の依頼を受けてから本が完成するまでにほぼ二、三カ月。この間に、それぞれの編集者の本づくりに向ける「愛」のありようがよく見える。ことに「校正刷り」をめぐっては。

装幀原稿が完成し編集者の手から印刷所にわたると、数日して出校してくるのが校正刷りだ。本のカバー、表紙、そして扉が指定の紙に指定どおりに刷られているかをチェックするための、いわば試し刷りということになる。カバーを一枚に広げたかたちよりさらにひとまわり大きな紙に刷られているので、かなり持ちでがあるはずだ。これを届けてくれる際の編集者のスタイルが、「愛」の度合いで3タイプあると、ひそかに思ってずいぶんになる。

タイプ1

印刷所から編集者あてに届いた袋ごと抱えてきて、机の上にどさりと置く。袋には編集者の名前が「様」つきで書かれたままだ。見せていただきます。こちらはそんな面持ちでゴソゴソと校正紙を取り出している。社で事前に一応見てくれたらしいのは、それぞれの校正紙の向きがバラバラに出てくることで納得する。白地を基調にした装幀の場合には、実際の仕上がりの寸法に定規をあて、切るなり線を引いてみないことには、タイトルや著者名の作る空間が見えてこない。一瞬これでよかったかと、作った本人にも不安が生まれる。編集者はといえば、「こんなんでいいんですかね。知らないよ……」てな風情で、顔をかしげて眺めている。出来の悪い生徒の心地で、カッターで切りとったカバーを適当な厚みの本にかけると、ややホッとした顔になるが、双方に気まずい空気が停滞する。

タイプ2

校正紙の折り線に赤鉛筆で線を引き、背の厚みや表紙の寸法に間違いがないか、図や文字が正しい位置に入っているかを事前にチェックして届けてくれる。このタイプがいちばん多い。ただたまに、出来上がりに今ひとつ、こちらの気持ちが決まらない時、試みに、カバーの紙を変えられないかと打診してみる。と、すでに調達ずみだと思うからと、動いてくれない。せめて理由を尋ねてくれて、うそでもいいから資材部に電話の一本も入れてくれれば気がすむのに。次の妙案も出るかもしれない。そう心の中でつぶやいている。

タイプ3

カバーや表紙を校正紙から仕上がり状に切りとって、これも仕上がりと同じ厚さと大きさに作られた本体の見本にきっちり掛け、校正紙の入った袋とは別の袋に入れて、カバンにしのばせて持ってくる。おもむろに椅子に座ると、膝の上のカバンから用意の本を取り出し、こちらに向けて机に置く。切りとられたカバーの線が少々曲がっていたりするのも、気持ちがはずんでいる証左に見えて、こちらはますます嬉しくなる。「どうです、いいでしょ」。自分で作って自分で刷ったという口ぶりで、カバーのそこここを撫でまわし、「この空間がね、またいいんです」。こちらは冷静につとめねばと、著者名の色はもう少し黒くしたほうがよくはないかと、ギロリとにらんでみたりする。すると相手は見すかすように、「こういってはなんですが、背の著者名は、指定を見ますともう少し黒みのある色じゃなきゃいけないですよね。そのほうが、ほんと、ずっとシャープですよね」と、きっぱり言葉をつないでくれる。真摯な目線が、揺らがない。

装幀の仕事について十年が過ぎた。

手がけた本が並ぶ自宅の書棚に、深夜ふと、目を泳がせる時がある。もう内容も思い出せない、数えきれない本の背に、担当だった編集者の顔が、次々に浮かんでは消えていく。

今は意に添わないセクションに移っているあいつ。文芸書出版の志を抱いて会社を興したものの、出版内容の変更を余儀なくされたあいつ。病んだ子のために命をかけるといっていた編集者稼業からすっぱり足を洗ったあいつ……。

そんな彼らと一冊の本を生み出す過程には、せつないやりとりも多々あった。が、出来上がったばかりの本を袋に入れるのももったいなくて、抱えるようにして酒場から酒場へ見せびらかして歩いたのは誰とだったか。テキストの意味をめぐって一晩中語り明かしたのは誰とだったか。

すべてはもうぼんやりとしてしまっているのに、一冊ごとの本の背に、まちがいなく彼らはいる。やさしくほほえむ彼らがいる。

余白の管理者

（「デザインの現場」一九八九年十月号）

最近、あいついで依頼を受けた文芸評論、思想関係の書物のなかで語られているテーマと、私が理想としてきた装幀のありようとのあいだに、おどろくほどの近似性を見出し、いささかのとまどいをおぼえている。

それら一連の書物から発せられていることばは、どれも苦渋に満ちたもので、「表現における外部」という、批評の現在における、きわめて今日的テーマに関するものであった。

表現する個人の、私性のなかに存在する他者をいかに位置づけ、了解し、関わっていくのか。さらに、そうした他者性を、私性のなかに導入できるのであろうか——。

それは、表現であって表現でない、私であって私でない、いわばつねに相対化しつつ、関係性のなかでしか見きわめにくいものであるといえよう。

装幀する側からいえば、書物という形をとって読者の眼にさらされている装幀は、私の表現であるにもかかわらず、それらを手にする人間の数だけ表現が存在している。

ここでは、もはや「表現」ということばは消し去らねばならないだろう。あるひとつの「表出」されたなにか、といったほうが、より適切であるだろう。

かりに五千部発行なら、手にした五千人のまなざしのなかに、五千とおりの表情で見えているものをつくりださねばならない。そうしないかぎり、そのテキストの理想的な外在化はないのではないか。

このように、もっとも今日的な批評ジャンルにおける問題が、私の理想とする装幀の考えかたに、僭越ないいかたが許されるならば、追いついてきてしまった、というとまどいなのである。

これまで、私は自分の仕事を構成する要素として、素材、色、文字書体、図像という四つを中心に、折にふれ言及してきた。そして、装幀の仕事とは、まず発注を受けることからスタートし、テキストを読みこみ、四つの構成要素を動員しての表現・表出行動であることを語ってきた。

つねに新しい図像が探究され、文字のありかたが検討された。どの素材とならばあの色が映発しあうかを自問自答し、テキストと十全に拮抗しうるべく心を砕いた。

しかし、こうした新しい探究も、ふと気づくと、自己模倣やブリコラージュ、ルーティンワークになってしまっているのではないか。自由な表現には、到達していないのではないか、という疑念が心をよぎることもあったのである。

冒頭にふれた、批評の現在が抱えている問題と、私の理想とする装幀のありかたが、ここにきて接点をもったといおうか。今回紹介している作品群の、なんと禁欲的な衣裳であることか。

書物の装幀において、書名、著者名、出版社名などは絶対に欠かせぬ条件として存在する。目的に対する手段としてのデザイン行為にとって、機能ということは無視できない。

書店の平台の前へ静かに佇ずむまなざしにとって書名は、写植文字にしてどれぐらいであるのか。私はおおくの書店をまわってみた。28級から32級が、必要最低限度であることが確認された。私が主に手がけている文芸のジャンル、それも評論や思想の書物は、フリの客が手にして買うことはすくない。書籍広告や書評をとおして知った、ある層の読者がそれと出会い、購入する。このことを前提にして平台の前に立つと、さまざまなことがあらためて見えてくるものだ。

文字の大きさが決定すれば、書体ということになるが、ゴチックより抜けのいい明朝と、これもごくすんなりと決まる。なんの図像も使わないとなると、さて、あとは余白の海が眼前に広がっているのみである。

この余白という、いままで気づかなかった無限の広がりこそ、私がデザイン的に管理すべき、始原の海原であることに思い到ったというべきか。

しかし、こうした装幀の版下を、はじめて編集者の手にわたしたときは、きわめて勇気がいった。たとえば『言葉と悲劇』(柄谷行人著、第三文明社、一九八九年)(図33)。四角版下にあるのはジャケットの仕上り寸法のトンボ、一色で刷られる大小ふたつの四角の部分を示すアタリケイ。そして貼り込まれた文字は表紙の著者名と背文字の書名、出版社名。裏表紙には分類コードと定価が入るだけである。銀で箔押しした部分は別工程となるため、文字はない。これは、受けとったほうも、そうとうの勇気が必要であったと推察する。

こうした、ほとんどなにもしないに等しい作業にともなう緊張感、恐怖心。これがあるからこそ、いまの仕事をやっているともいえる。

箔押しを使う理由は、余白を設定するさい、とてもべんりな存在となるからである。それに、下はどんな図像や色がこようと、金や銀の箔で押された文字は読みやすいし、なによりも豪華である。

図33　柄谷行人『言葉と悲劇』

なお、こうした箔押しを使用したときは、スミ以外、あと一色か二色しか使わない。これは、トータルで四色使うのとほぼ等価であり、コストパフォーマンスを考えたうえでのデザイン処理である。

こうした、現在のネガティヴなデザインスタイルが、平台という私の主戦場において、読者の眼にどう映るのか。それはもはや、私自身の与り知らぬ問題ではある。
そして、私の内なる他者のつぶやきも、いまだシカとは聞えてこない。

（談）

詩集の向こうに見えるもの

（「鳩よ！88」一九九一年三月一日号）

初めて谷川俊太郎さんの全ての詩集を見せていただいて、つくづく感心したのは、この詩人がその時代時代のいちばん良質な装丁を引き当ててきているということ。なにか日本の詩書デザインのあらたな山脈を見ているような気がします。

まず一九五〇年代に出された、処女詩集の『二十億光年の孤独』から『絵本』までの四冊ですね。これらに共通しているのは、まだオフセット印刷が普及する以前で、すべて活版印刷であること。いうまでもないことですが、活版印刷ではカラー写真や絵を効果的に使いにくいので、単色文字の比重が高くなります。谷川さんの詩集の装丁の中でも傑作の一つである『二十億光年の孤独』の表題の書き文字はこの時代のいちばん基本的なタイポグラフィですね。びっくりするのはこの本に付けられた帯。本の帯をカバーの中央に、しかも小口の端だけを糊づけした本というのは他にちょっと類がないのではないでしょうか。同時にこの帯をこの位置に付ける前提、でタイトルのレイアウト、タイポグラフィ、文字の構成が決められていて、考えられないほどの完成度を見せている。

さらに注目したいのは谷川さんの自装本です。データによれば、谷川さんの自装本は三冊ある。最初の一冊は一九五六年の『絵本』。この装丁は表紙になんと麻布を使っています。その造形感覚はまさにコルビュジエを想わせるもので、この時代にブックデザインにおけるモダニズムを先取りしている。こういう感覚がプロの仕事に出てくるのは六〇年代に入ってからです。本文組も実に美しく見事で、扉の次に奥付が来るといった洒落たことを五〇年代の中頃に試みているというのも、図抜けたエディトリアル・センスだと思う。

谷川さんは書物というものをある自立した存在と考えている。本というものは読者一人一人が読むことによって完成するものであるという意識、書物というものの存在の何かをよく知っている人だと思う。谷川さんは詩に対する視点の定まった専門的な読者に対する本造りと一般的な読者に対する本造りとを意識的に分けているんじゃないでしょうか。

そういう装丁的戦略が具体化するのは一九六〇年代の中頃から七〇年の間だと思う。ブックデザインの印刷方式が活版からオフセットに移行するのが六〇年代です。その時代に刊行されたのが『あなたに』『21』『落首九十九』。この三冊を装丁しているのが現在イラストレーターとして活躍している真鍋博さん。実にシャープな感覚だと舌を巻かざるを得ません。真鍋さんがデザインしたこの三冊の本の表情を見ていると、谷川さんがはっきり自著の装丁や本造りを、それぞれのマーケットに分けていちばん的確なものを選んで行こうという戦略をひらめかせていたのがよくわかる。

それ以降、装画家の人選も実に見事です。そこには本というものが何かということに習熟しきっている一人の詩人と、それを理解し、それと一緒に戦おうとする者たちが選ばれたという光景がはっきり見える仕上がりです。

七〇年代に入って、谷川さんは自分の詩の中でも新聞や雑誌に発表したやわらかいものを詩集にまとめはじめるわけです。それらの本のブックデザインや装画にも谷川さんらしいセンスがあふれている。

例えば、『うつむく青年』。カバーに使われたのは「上をむいている魚」の絵。『うつむく青年』という表題とこの絵の組み合わせがとても知的な遊びになっています。話は谷川さんの自装に戻りますが、一九七五年に発表した『夜中に台所でぼくはきみに話しかけたかった』では表面をテカテカにしたキャスティング・コートという紙を使っている。今から一五年以上も前にこういう紙をいち早く使うというのは、並々ならぬセンスです。そのせいで、デザインが非常にスピード感のあるものになっている。

三冊めの自装詩集『よしなしうた』が出たのは一九八五年。この詩集では函に箔押しを使っている。しかも、これはレインボー箔で、この時点でこれを装丁に使ってしまうというのは大変な感覚です。自装の三冊はプロも嫉妬したくなるような手際ですね。

この詩人はその時代時代に、装丁というものの何が新しいか、何が面白いか、何が人目を引くかという鋭敏なセンスを持っている。本の装丁というのは一冊の本という物の流通をどれだけ元気づけ、勇気づけ、活性化するかということにつきるわけですから。

装丁者として谷川さんのブックデザインを担当するというのは大変難しい。私ごとで恐縮だが、私のもとに谷川さんの詩集の装丁を依頼してくれるのは二つの出版社です。一つは詩集の専門出版社、もう一つは総合出版社の大手。

谷川さんは、専門出版社から出す詩集では氏のいちばん硬質な部分が、現代詩の最もハードな読者に突き刺さればいい、そのためにも、デザインを鋭角にしたいと考える。三冊の自装本にそれはよく出ている。ところが専門出版社としては、折角、谷川さんの詩集を出すのだから、ハードな読者以外により多くの読者に読んで貰いたいと考える。

それと逆に谷川さんは大出版社から出す詩集は、より多くの読者に開かれたものにしたいと考えている。ところが編集者の側としては、日常的に出版している本と差別化するためにも、よりラジカルな造りにしたい。

それぞれの版元と編集者そして作品の間に生じる矛盾は装丁を考える上で結構厄介な問題である。しかし、谷川俊太郎という類まれなる詩人からも選ばれたわけだから、それもまた贅沢な悩みというべきでしょう。

（談）

日録

（「本の窓」一九九四年九／十月号）

七月八日（金）

a.m. 10：00 珈琲店「樹の花」

日本経済新聞のコラム「住宅の美十選」、四〇〇字強で対象を語り切る安藤忠雄さんの文に毎朝の溜息《ためいき》。昨夜、『世界の中の日本絵画』平山郁夫・高階秀爾著（美術年鑑社）刊行を祝う集い。ふるまわれた古雅なる酒の名残が珈琲《コーヒー》の一口へふくらんだ。

a.m. 10：30

某社が来年（一九九五年）刊行するムックの打合わせ。単行本の装幀は短距離レース、年に一冊は長距離を走りたくなる。

a.m.11:00
集英社文庫ラテンアメリカ文学シリーズ、ドノーソ『三つのブルジョワ物語』とコルタサル『石蹴り遊び』の装画者を編集者と選考。

a.m.11:30　スタジオ・ジン
講談社文芸文庫のタイトル文字を写植所にＦＡＸ。『おどるでく』室井光広著（講談社）装画の吉田克朗さんから本入手と電話。

a.m.11:45
中村彰彦歴史エッセイ集（新人物往来社）の版下に色指定。

p.m.0:10
文藝春秋より辺見庸著『自動起床装置』校正。装幀したかった小説の文庫化。読者として好きな作品はかえって難しい。

p.m.0:20
拙著『わがまま骨董』（平凡社）の写真で坂本真典さんが日本雑誌写真記者会賞受賞の嬉しい電話。近くの花屋からカサブランカ贈る。

p.m.0:40

『俳句春秋』（NHK学園）の表紙を金田理恵さんの和菓子の絵で構成。描き伝えたい思いが毎回技を生み出す。見とれていたらスタジオの博美さんの「お昼だよ」の声。

p.m.1：30

集英社より中上健次全集の束見本届く。思い叶った姿へ「三回忌か」と口に出た。あの日以来、心のどこかが止まったままだ。

p.m.2：00

角川書店『俳句』表紙を西方久さんの花火で構成。

p.m.2：30

中沢けい著『楽譜帳』（集英社）校正。高山辰雄さんの装画にデザインが敗け。色指定を変更する。『うまいもの・まずいもの』（メタローグ）、『白いマンションの出来事』笹倉明著（文藝春秋）見本受領。

p.m.3：00　珈琲店「樹の花」

某社㊙企画打合わせ。

p.m.3：30

大和書房『朝鮮人物事典』打合わせ。

p.m. 4：00
中央公論社『黒河小太郎政治小説集』打合わせ。
p.m. 4：45　スタジオ・ジン
『私は娼婦じゃない』（めこん）サブタイトルにタイのメールオーダーブライドの告白とあるノンフィクション。『海燕』の表紙を描いてくれている後藤えみこさんの絵でデザイン。
p.m. 5：20
芦澤泰偉さんと手がけたたむらしげるさんのカレンダー（リブロポート）の版下を助手の岩崎さんが届けてくれる。
p.m. 5：30
『色のことば』（銀座和光編）のカバーの色がおかしい、刷り直すか判断してほしいと紀伊國屋書店の編集者より電話。
p.m. 5：40
時事通信社より岡野薫子著『記憶のなかの家』再校正の電話。
p.m. 5：50

マルケス『犬の青い目』（福武文庫）カバー写真を瀬尾明男さんの新作三〇〇点から選び原稿を仕上げる。

p.m. 6：40

髙樹のぶ子著『蔦燃』（講談社）装幀のラフスケッチを描く。明後日、京都で著者と装画をたのむ竹内浩一さんも交えて会食する、その席へ誘われたが時間が空かぬ。

p.m. 7：30　珈琲店「樹の花」

編集者に『蔦燃』のスケッチを託す。

p.m. 10：00　自室

古井由吉さんの『陽気な夜まわり』（講談社）のゲラの続きを読む。徳岡神泉さんの「蓮」や「池」の画像が浮かんでいるが古井さんの「つきすぎでわ」の声も聞こえる。明日には画集を求め結着をつける。

a.m. 2：30

寝酒の用意。

身をあずける店がある銀座

（「本の話」一九九六年一月号）

生まれは神田錦町。子供の頃、数奇者の祖父に連れられて日本橋三越劇場へ文楽通い、跳ねた後は銀ブラと決まってた。このあたりが銀座好きのねっこでしょうか。大学を出てからの職場はいずれも銀座界隈。生活とひとつになった銀座つきあいもかれこれ三十年になります。

身も世もなくへとへとになったとき、自然と足の向く先は人様々だけれど、ぼくにはやはり銀座。そんな身をあずける店があります。

以前、並木通りのレストラン胡椒亭《こしょうてい》で食事をしていたら隣りの客が見かけぬ一品を食べていた。帰りしな支配人に尋ねると、「実はメニューにはない料理、ヴフ・ア・

ラ・レーノと申します。料理長がときたま馴染のお客様にお出しするもので……」。

正体はフォアグラのピューレにトリュフのジュース、あとは秘密のソースでいただく飛び切りのステーキ。常連が「例のステーキ」と注文するところからフランス風にもじって、ア・ラ・レーノと呼びならわすようになったとのこと。

さっそく次の機会に注文したら運良くありつけた。これがもうむしゃぶるい、舌の味蕾《みらい》が直立不動で最敬礼する旨さ。以来、やみつきです。そんな胡椒亭が二年ほど前にすっかり様変わりして、しょげていたら、この三月に同じ面つが同じ味で六丁目に「銀圓亭《ぎんえんてい》」という名で帰って来た。大切な活力源が戻って、ホッとしています。

酔狂な話ですが、銀圓亭で食事をいただきデザートのお菓子まで済ませたら、水も飲まず、唾を飲み込むのもがまんして歌舞伎座横の茜屋《あかねや》へ移動する。ここでべらぼうに旨い珈琲をいただく。お目あてはマンデリン。碗はウィーンのアウガルテン製、プリンス・オイゲンが気に入ってる。バロック様式だが、臈《ろう》たけた白磁の白い肌とその口あたりは絶妙。一口いただいては見惚《みほう》けてしまう。白い肌のウィーン女にスマトラの褐色の肌がまとわりつく、そんなエロチックな光景を思いうかべ、おもわずこぼれる溜息に熱い土の匂いがする。

ひとごこちついたところで八丁目の縁、トニーズ・バーへ。カウンターごしに三千種近くの洋酒。運よく主《あるじ》の前に席がとれれば、へとへとのへとへはここらで消えている。

仕上げは主に教えられたスコットランドのモルトウイスキー。あれこれいただいたが、アイラ島のラガブリンにおちついた。塩気のきいた味、海草のような香り。風変りなアクの強い酒だが四十、五十になって初めてわかる味がある。

いずれも味覚というやっかいな世界を愛し、こだわる主たちの、味も値段も半端じゃない店だけれど、それを楽しむ客がつどっている店でもある。嘘も真《まこと》も一つになった銀座の華やぎの中に身をゆだね、味蕾の声に耳を澄ませていると舌先に子供の頃の銀座の味が蘇えってきたりして気持がしんと鎮まってへとへとの最後のともも失せています。

（談）

「私」を引いていく生き方

（「PHP」二〇〇七年九月号）

昭和十八年、神田（東京）に生まれた私は、終戦後、戦後の混乱を避けるため、祖父母と神奈川に移り住むことになった。祖父は海産物の仲買商を営んでおり、当時としてはかなり羽振りがよい暮らしをしていた。初孫の私は祖父母からとても可愛がられた。

父は農林水産省の役人。日本が戦後の復興を目指す中、それは忙しい日々を送っていたと聞く。実際私には、幼い頃に父親と食卓を囲んだという記憶はほとんどない。父としても祖父母に子どもを託しておくのは安心だったのだろう。自らの仕事に没頭していた。

役所の仕事は大晦日の深夜にまで及ぶ。正月の早朝に父は徹夜明けで帰宅する。一応の行事としてみんなで正月を祝った後は、倒れるようにして眠ってしまう。私にとって父親の存在は、ふわふわとした実感のないものだった。

その境遇を補うかのように、祖父母は私を大切にしてくれた。それは今からすれば、過保護という範疇《はんちゅう》に入るものだった。たとえば運動会になると、駆けっこなんかしなくていいと言う。転んで怪我でもしたら危ないからだと。体育の時間でも鉄棒なんかしてはいけないと言う。もしも手を滑らせて、落ちてしまったら大変だと。

私は走ることも、転ぶことも禁じられていた。友達が鉄棒をしている脇で、私はそれを眺めていた。鉄棒から落っこちて泣いている友達を見て、痛いんだろうなと頭で考える。そう、私は「子ども」としてではなく「孫」のままで育ってしまったのだ。

もちろん祖父母に悪気があるはずはなく、私を大切にするあまり、いつも心配して守ってくれていたのだろう。

家の庭で草木や昆虫との一人遊びにあきることのない子だった。しかしそうした育ちが、後の私の人生に影響を及ぼしたことは間違いない。三つ子の魂は何とやら、独白はできても対話がない。

他人との真の対話。それは互いにぶつかり合うことから生まれることもある。しかし私にはぶつかり合った経験が乏しい。私には弟が二人いるが、兄弟喧嘩をした記憶がない。母は後年、こう言った。「あなたたちが喧嘩をしたら、お母さんはどうしていいかわからなくなるの。だからそれぞれに合う習い事をさせ、生活時間を変える。逆に、着るものはお揃いにしたのよ」。私たち兄弟は母の工夫を忠実に守った。私たちは一人っ子が三人いるように育ったのだ。

それに、自分の肉体との対話も欠けていた。鉄棒から落ちて怪我をする。人は、その痛みと向き合うことで、自分というものへの理解を深めていく。私はそんな経験も希薄だ。自分で自分の存在感が感じられない。どこかふわふわとした自分。縁側で日向ぼっこをしていると、ぬくもりに自分がとけて消える、そんな体感を今も思い出す。

中学二年の時、私の人生にとって大きな意味を持つ二つの出来事が起こった。その一つが祖父の死だった。祖父の商いは継ぐ者がなく、父がすべてを清算。一役人の家庭は、決して貧しいというわけではないが、それまでの生活は一変する。

小学生から習っていた絵も止《や》めた。植物が好きで、将来は植物学者になりたいという淡い夢も消えた。祖父に守られてのんびりと育った私は、自らの生き方を現実的に模索することになる。

そして時を同じくして起こったもう一つの出来事。それが一枚のポスターとの出合いだった。美術の先生から見せられた一点の絵。アメリカの画家ベン・シャーンが描いたそれは、私に不思議な感覚をもたらした。絵の中に、英語の文字が書かれている。

「これはポスターというものだ」と先生は言った。

絵と言葉を使って表現する人がいるということが驚きのすべてだった。自分も、自分を伝える術《すべ》もない子の心を魅了するに十分なものとの出合いだった。

「デザイン」という仕事が存在することを知った瞬間でもあった。

美術大学に行ってデザイナーになりたいという夢を父に話した。父は、賛成すると言ってくれた。世間ではまだ知られていない職業だが、いずれ注目される仕事になる。おそらく父はそう理解していたのだろう。二十代は、広告の代理店や制作会社のデザイナーとして働いた。

三十代になって装幀者として認められるようになるまで、決して順風満帆というわけではなかった。コマーシャルデザインの制作会社を辞し独立した時、貯金通帳の残高はほとんどゼロに近かった。妻と子を抱え、将来を案ずることもあった。

そんな時に私を救ってくれたのが、意外にも「対話の苦手」な私の性格だった。デザイナーの仕事は、クライアントの思いを的確に人に伝えること。その商品の魅力を端的に見せること。デザイナー自身の表現欲求もあるが、基本的にそれは前に出るものではない。

対話が苦手な私は、装幀を依頼してくれた編集者の作品に対する思いを聞くことと、作品の中から装幀のイメージを読み取ることに徹した。

どうすれば編集者が喜んでくれるのか。どうすれば読者に本が魅力的に映るのか。そのことを第一に考え、作った。

気に入られたいとか、もっと仕事が欲しいとか、そういうことではない。ただ、相手を生かすことしか、私には仕様がなかっただけだ。

よく言われることだが、人間は関係性の中でしか生きることができない。そこで、自と他がぶつかり合い、新たな自や他が生まれる。それが生きるということだと。しかし、現実は、そううまくはいかぬ。関係性を縁どるものが常に先行しているから、どちらかに妥協や屈服が生じてしまう。

装幀は、自前のカンバスに描く絵ではない。依頼されることなしには始まらぬ。しかし、依頼する、依頼されたという関係の縁どりから解き放たれることなしには真の装幀は生まれない。そのために私は「私」というものを引いて、「他」を生きようと心がけてきた。なぜなら、「他」を知るのも、作品のイメージを読み取るのも、まぎれもなく「私」でしかない。ましてや「他」を生きるなどといったことが、どれほど不遜《ふそん》なことか。幼い頃から「私」とはぐれて生きてきた者として、そう思うからだ。

依頼をしてくれた人の思いや、書店で本と出合う人の目差《まなざ》しや触感を受けとめる装幀でありたい。

願わくば、書店の平台で、カバーに記された著者の本でもなく、ましてや装幀者のものでもない、ただ、いい本だと人の目に留まる装幀を作り出したい。

2020コロナ禍日記

（「新潮」二〇二一年三月号）

二月五日（水）

高層住宅や大型旅客機の外皮を剝ぎ取ったあられもない様に息を呑んだ。着岸した乗客乗員三七一一人の大型遊覧船の映像。吃水線から上へ、丸窓、四角窓、テラス階が四層。吃水から下は窓無しの部屋が五層。欲望をそそり、満たす、いずれにも見たくない夢のからくり。一〇人の新型肺炎の感染が確認され、乗客の下船の目安が付かぬという。発生した中国では感染者、死者ともに急増の記事が映像の下に。一時の夢を継ぎ接ぎして生きる消費文化、3・11に次ぐ警告。

二月六日（木）

春先、姿を見せる野鳥は目白、鶯、燕の順だが、朝方、燕が二羽、庭先に。目白のチッ、チッ、チッを追う鶯の笹鳴きが、ホーホケキョになる頃に飛来する燕。目を瞠った空を狂ったように飛び交っている。気候異変といった言葉の無い時空をきりきり舞いしている命。こちらもご同様、経済が最優先の時代が生態系にもたらした。未知の感染症の発生も無縁ではないらしい。

二月七日（金）

新聞社で、紙の本にまつわるインタビュー。仕舞いに、何か言葉とサイン、の声といっしょに色紙とペン。これが大の苦手。とっさに言葉など浮かばぬ。人に手書きの文字を晒すのも恥かしい。記事構成の要と乞われ、持ち帰った色紙。明日が〆切り。いただいた見本紙から、「紙」と「の」と「本」の活字を探し、切り取って拡大コピーして張り付けた。なんと「紙」の字は一字だけ。やんぬるかな。

二月八日（土）

馴染の料理屋「一平」から、初諸子《もろこ》に知らせ。琵琶湖でとれる小魚。夕刻、案内と馳せ参じる。白焼きへ煮きり酒と醤油を煮つめたものをかけ、焼き上げる。二杯酢で五尾。淡水魚の清らかな味と腹の子の仄かなえぐ味が一つになる一瞬のえもいわれぬ旨さ。神亀の燗で一合五勺。〆は牛すじの粕汁に太刀魚の握り。次は物集女《もずめ》の竹の子で、主人の年並みの台詞を聞かず別れたと、家にもどって気になった。

二月九日（日）

好きな物は好きでいいのに、惹かれる理由を言葉にせねば済まぬ性分。他人に己をひけらかしたいわけではない。己の心の内わけを知りたいのだ。言葉の潜在力などありもせぬのに人様には芥でしかない主体不明と悪戦苦闘。あげくのはては、物好きね、の一言でチョンになる。原稿仕上がらず。

二月十日（月）

絵の作者のサインには、達成感のお裾分けか、何かしら作者のほっとした気分を感じる。装幀者にとっては、装幀した本が流通し、版を重ね、編集者や作者の称賛を得ても達成感がない。装幀者には無縁のものと思っていたが、初めての編集者からの依頼の手紙に胸を打たれた。高校生の時、小生の装幀したカバーに惹かれ手にした小説が文学への入口。大学から、出版社へ。その編集者が手掛けた初めての小説の装幀。達成感まで一五年。ことわる理由なんてない。

二月十一日（火）

かつて、文芸誌「海燕」に係わった編集者の集いに招かれ有楽町「爐端」へ。毎号、印刷所の出張校正室へ出向き、寺田編集長をはじめ四、五人の編集者が黙黙と作業をする傍で、ゲラ刷りにタイトルやカットをレイアウトした。たいがい夜半近くに、寺田さんのおたけびのような大欠伸が静けさを破った。あれは、もっと勁い作品をものにせねば、といった己と編集者への喝だったのかもしれぬ。創刊から一〇年、月に一夜を共にした面面、喝のおかげか、編集の現役。やることはまだある、口には出さず、それぞれの面持ちが語っていた。

解説

本書は二〇一四年に行われた展覧会での講演と、インタビューによる自伝、これまでの著書に収録されていない雑誌や新聞に寄せたエッセイを集めた、菊地さん十四冊目の単著となる。その核となるインタビューは、一九八一年刊行の谷川俊太郎さんの対和集の編集者として菊地さんに装幀を依頼して以降、伴走を続けた作品社の増子信一さんが聞き手となって、幼少の頃のことから学生時代のこと、そして装幀者として独立、成熟していく過程が包み隠すことなく語られている。増子さんは雑誌「面白半分」や「朝日ジャーナル」を経て八四年に作品社に入社し、現在に至るまで生涯現役を貫く編集者だ。田川建三さん、鶴見俊輔さん、笠井潔さん、加賀乙彦さんなどの、まさに名著を手がけてこられた。

七七年に装幀者として独立した菊地さんにとって、七九年に創立された作品社との出会いは、本書でも語られている通り、大きな転換期だ。その作品社に身を置き、菊地さんが最も信頼を寄せた編集者との掛け合いが気持ちよく、自身の全てを語ろうとする覚悟に心を打たれるのと同時に、僕にはここまで引き出すことができなかったことが、菊地さんにも申し訳なく、もどかしい。

語られているのは主に一冊目の作品集に掲載されている八〇年代までのことで、それから爆発的に仕事が増えていくことになり、テキストの世界観に寄り添う装幀から、タイポグラフィをメインにしたメタ的な装幀に移行する九〇年代の話はここからというこことだったと思う。銀座の事務所を片付け、仕事もひと段落し、ゆっくり振り返る時間が残されているものと思っていたので未完となってしまったことは悔やまれるが、装幀者＝菊地信義を形作った作家との出会いや独自の装幀理論を確立する濃密な時代が本人の口から語られ、残されていたことに感謝しかない。この語り下ろしの他にも多くの言葉を残してくれた。これまでの著書から漏れた、いわば周辺の余白の部分となるこれらを読むだけでも菊地さんの思考の姿形が浮かび上がる。

文学的、視覚芸術的、ないし思想哲学的に、菊地さんが直接的に影響を受けた古井由吉さんと加納光於さんとの対話はスリリングで、読むこちらの手にも汗が滲む。

歯に衣着せぬ言葉で、「装幀者とは何者か」という問いを突きつけ、装幀という行為そのものを批評する作家を前に、たじろぎ、自嘲する菊地さんは、『装幀談義』や『新・装幀談義』で語られてきた装幀者の姿とは違う。

八三年の「海」誌、八七年の「現代詩手帖」誌で掲載されていたものだが、僕自身、自分の立ち位置を確認するために、バイブルとしてたびたび読み返していたものだ。四〇歳の菊地さんを通り過ぎ、今同じ歳の、四三歳の菊地さんを通り過ぎようとしている。言わずもがな、自分とは比べ物にならないほど成熟した装幀者を目の当たりにし歳ばかり重ねてしまっていることに落ち込むが、読むたびに少しずつ理解が深まっていることに気付くことができる。

その対話の中で古井さんは、「装幀は余計なもの」と仮定し、装幀者の存在意義を問う。真っ白い本でも機能するならば装幀はそれまでのことという辛辣な言葉もあるが、意図としては、菊地さんはもう、単に装幀を職業とする人を超えて、何か違うものが見えているはずでしょうという問いかけなのだけど、菊地さんにもまだ見えていない、むしろ見たいとも思っていない、愚直にテキストに向き合っているだけで、それこそが装幀者であるという態度を取りながら、ただ、実は表現者として圧倒的なものが欲しいと吐露する。

インタビューで語られている環境と、本書に収められた対話やエッセイを改めて読んで感じるのは、読者を獲得しなければならない本という商品に対する献身性と、圧倒的な作家に囲まれる環境に揉まれ、芸術や一次表現者に憧れる心が「装幀者＝菊地信義」という作家を育て上げたということだ。結果、装幀の有り様をそれまでとは違う次元に押し上げた。

ウェブメディアや電子書籍の隆盛と、紙の廃番と価格の高騰が止まらない昨今、装幀は、より「余計なもの」と、「だからこそ求められる物としての価値」とで二つに分かれる。生業とするものとしては当然後者に属したい。芸術性と批評性を孕む物をつくる技芸が求められる。果たして、成熟したのか、追い詰められたのかはわからないが、本書がより豊かな出版の未来に役立つことを願う。

水戸部 功

解題

二〇一四年の二月か三月頃だったろうか、菊地信義さんと銀座の居酒屋で酒を飲んでいたときのこと。あれこれ話しているうちに、最近ではすっかり活版印刷もなくなって、写植すらなくなってしまった。思えば、菊地さんが本の装幀を手がけ始めた頃、私が新米編集者だった頃はまだ活版が主流で、タイトル回りにのみ写植を使っていた時代だった。その後、電算写植、DTP、In Designという具合に、組版の工程もずいぶん変わってきた。紙や製本も然り。最近では活版はおろか、写植も知らないデザイナーや編集者も少なくない——。

そんな話をしているなかで、菊地さんの装幀作品を題材にしてそうした組版・印刷、資材、製本の具体的な話を残しておくというのは、どうだろうかと投げかけてみた。

すると菊地さんは、それはいいかもしれない。ちょうど五月には第三作品集（『菊地信義の装幀』集英社）が出ることになっていて、夏には神奈川近代文学館で装幀展があるから、振り返るにはいいのではないか、と賛成してくれた。

そこでまずは本書冒頭の講演「装幀の余白から」を録音、その後五回にわたって聞いた話をまとめたものが第Ⅰ部「裏のない紙　装幀余話」である。ただ、多忙な菊地さんのこと、また途中で佐藤奈々子さん監督の映画『つつんで、ひらいて』の撮影も始まり、五回のインタビューが終わったのは二〇一六年の末頃だった。それからまとめ作業に入り、一七年の四月頃に、「装幀の余白から」とインタビューの第一稿があがり、そのゲラに菊地さんが手を入れたものが、今回の「序」と第Ⅰ部一〜五章として収められている。

そして、この本の締めとして、やはり古井由吉さんの話にしようということになり、その準備をしていたが、互いの時間がなかなか折り合わず、そうこうしているうちに菊地さんが事務所を閉じることになり（二〇一九年十月）、次いで、古井さんが亡くなり（二〇年二月十八日）、菊地さんの心の整理がつかないまま日が過ぎていった。それでも菊地さんからは、「古井さんのことは他に書かないし、話もしない。おまえさんの本だけで話すよ」といってくれていた。

　その後も何度かやりとりをしたが機会を得られず、二一年春、水戸部功さんから菊地さんが入院されたと知らされた。菊地さんもきっと気にかけてくれていたのだろう、六月の半ば、病院から電話をいただいた。来月手術の予定があるが、それがうまくいけば退院できるので、そうしたら一度会おう、と。結局、それが菊地さんの声を聞いた最後だった。その後の様子は水戸部さんから切れ切れに伺っていたが、様子がはっきりするまでは連絡するのは遠慮しておこうと……。そして、二二年三月末、二十八日に菊地さんが亡くなったと水戸部さんから知らされた。

　呆然とする中、改めて菊地さんの手が入ったゲラを読み返してみると、他ではあまり語られていない逸話も多く、このままにしておくには忍びないと思い、水戸部さんに読んでいただいた。水戸部さんも本にすることを薦めてくださり、奥様の菊地妙子さんのご諒解を得ることもでき、刊行の運びとなった。

　この本を進めている過程で、菊地さんから、まとめる際の役に立つだろうとインタビュー記事やエッセイなどのスクラップ記事が入った段ボール箱をお預かりしていた。一旦はお返ししたのだが、今回改めて拝借し、その中から単行本未収録の対談やエッセイなどを選び、編年順に収めたものが本書の第Ⅱ部である。但し、古井由吉さんとの二つの対談は、本来最後を飾るはずだった「古井由吉論」の代わりとして第Ⅰ部に収めた。

序および第Ⅰ部一〜五章は、菊地さんの手が入っているが、それは第一稿のみで、本来であれば最終校了に至るまでに何度も手が入るはずのもの。文体にこだわりをもっていた菊地さんのこと、最後まで言い回し等に手を入れていたはずである。その意味でも、本書は「未完」であり、事実関係や言い回しの未確定な部分の最終的な判断は、筆者がなしたものである。

聞き手・構成　増子信一（編集者／作品社）

菊地信義（きくち・のぶよし）

1943年10月18日、東京・神田に生まれる。装幀者。多摩美術大学中退後、『an・an』のレイアウト、ミカレディのPR誌『花笑』の編集長兼アート・ディレクターなどを経て、1977年に装幀者として独立。以後、1万5000冊以上の装幀を手がけ、日本のブックデザイン史に大きく名を残した。主な著書に『装幀談義』（筑摩書房、1986）『菊地信義　装幀の本』（リブロポート、1989）『わがまま骨董』（写真・坂本真典、平凡社、1993）『装幀＝菊地信義の本』（講談社、1997）『樹の花にて――装幀家の余白』（白水社、2000）『ひんなり骨董』（写真・坂本真典、平凡社、2002）『新・装幀談義』（白水社、2008）『菊地信義の装幀　1993〜2013』（集英社、2014）『装幀の余白から』（白水社、2016）『装幀百花――菊地信義のデザイン』（水戸部功編・解説、講談社文芸文庫、2022）など。2022年3月28日永眠。

装幀余話

2023年3月23日 初版第1刷印刷
2023年3月28日 初版第1刷発行

著者　菊地信義
装幀　水戸部 功
発行者　青木誠也
発行所　株式会社作品社
〒102-0072 東京都千代田区飯田橋2-7-4
TEL03-3262-9753／FAX03-3262-9757
振替口座 00160-3-27183
https://www.sakuhinsha.com

本文組版　有限会社一企画
印刷・製本　中央精版印刷株式会社

ISBN978-4-86182-960-4 C0095　Printed in Japan

落丁・乱丁本はお取り替えいたします。
定価はカヴァーに表示してあります。